Krimi Bergisches Land

Bergischer Verlag

Jürgen Kasten, in Berlin geboren, Kindheit und Jugend in Gelsenkir-
chen und Bochum, weiter gewachsen in Wuppertal, dort bis heute
wohnhaft.

Mittlere Reife und Lehre als Maschinenschlosser mit dem Berufsziel
Maschinenbauingenieur. Das verhinderte die Einberufung zur Bun-
deswehr. Danach kurz entschlossene Bewerbung bei der Polizei.
Dort ohne Reue hängen geblieben. Ausbildung in Münster, Linnich
und Düsseldorf. Dann Wechsel zur Kripo. Weitere Ausbildung in
Wuppertal. Fachhochschulreife in Essen.

Stationen bei der Kriminalpolizei: Allgemeine Kriminalität, 18 Jahre
lang Umweltkriminalität, Korruptionsdelikte und fast die gesamten
40 Dienstjahre Mitglied sowie später Führung von Mordkommissio-
nen. Zu diesen Themen jahrelang als Referent im Lande unterwegs.
Zuletzt Leiter des KK 11 Wuppertal, Kommissariat für Todesermitt-
lungen, Brand, Waffendelikte.

Jürgen Kasten

Absturz
in Fahrtrichtung rechts

Kriminalroman

Bergischer Verlag

Jürgen Kasten – Absturz in Fahrtrichtung rechts
Reihe: Krimi Bergisches Land

ISBN 978-3-943886-25-2

1. Auflage 9/2013
© Bergischer Verlag, © by Jürgen Kasten

Bergischer Verlag
RS Gesellschaft für Informationstechnik mbH & Co. KG
Verleger Arndt Halbach, Martin Czialla
Konrad-Adenauer-Str. 6 / 42853 Remscheid
E-Mail: info@BergischerVerlag.de / www.BergischerVerlag.de

Lektorat: Klaus Söhnel
Titelfoto: Jürgen Kasten
Gesamtherstellung: Bergischer Verlag, Ernst-Wilhelm Bruchhaus
Druck: AALEXX Buchproduktion

»Gewalt ist Analphabetentum der Seele«
Rita Süssmuth

Handlung und Personen sind frei erfunden, aber
sehr real in die bestehenden Örtlichkeiten eingebettet.

Frühjahr 2012

Die erste Nacht

Koslowski verfluchte dieses Gleis. Direkt neben der Laderampe der alten Post stand er mit seiner Regionalbahn auf dem Abstellgleis und wartete auf die Freigabe für Bahnsteig 5 im Hauptbahnhof Elberfeld. Heute noch zwei Fahrten und morgen die ganze Spätschicht bis Betriebsschluss, dann hätte er die Sonderschichten endlich hinter sich. Warum musste sich Lehmann auch eine Grippe einfangen? Der war doch sonst nie krank gewesen.

Andererseits verfluchte er sich selbst. Schon längst hätte er mit dem Schichtführer sprechen müssen. Sicherlich hätte der Verständnis für seine Nöte gehabt. Der ist doch kein Unmensch. Er hätte mit ihm reden sollen.

Hätte, hätte, hätte – es war nicht einfach, von seinen Ängsten zu erzählen, von seiner Höhenangst, seinen Panikattacken und diesem dumpfen, leeren Gefühl im Kopf.

Koslowski hatte schon ernsthaft über eine Frühpensionierung nachgedacht. Gut, er war beamteter Lokführer, rausschmeißen konnten sie ihn nicht; aber in den Innendienst versetzen, in irgendein Stellwerk oder gar ins Büro, Fahrpläne entwerfen. Das machte ihm genau so viel Unbehagen, wie diese Bahn zu fahren. Im Fahrplan hieß die Regionalbahn 47 ›Der Müngstener‹. Er galt als Touristenattraktion und war als schnelle Verbindung zwischen Remscheid und Solingen unverzichtbar.

Koslowski sah das anders. Vor allem diese Scheißbrücke machte ihm Angst.

107 Meter hoch spannte sich die Müngstener Brücke über das Tal der Wupper. 107 Meter Nichts unter seiner Lok.

Bei der letzten Fahrt hatte er einfach die Augen geschlossen, nachdem der Zug den Wald verlassen hatte und der Blick sich in den Weiten des Himmels verlor.

»21, 22, 23 ...«, laut hatte Koslowski die Sekunden gezählt. Bei »35« war das dumpfe Rattern unter seinen Füßen schon wieder heller geworden. Er musste abbremsen. Der Bahnhof Schaberg kam in Sicht. Nur zwei Fahrgäste nahm er auf dem Bahnsteig wahr. Schweiß stand auf seiner Stirn. Das Herz pochte. Der Blick war verschleiert. Fast hätte er das Signal zur Weiterfahrt übersehen. Dann war es vorüber gewesen.

Die überstandene Fahrt ließ in erleichtert aufatmen. Der Gedanke an die noch kommenden verkrampfte ihn wieder.

Koslowski schüttelte sich. »Noch zweimal heute, dann ist dieser Tag geschafft.« Es ging deutlich besser, wenn er laut mit sich selbst redete. Das beruhigte ihn etwas.

Auf der Rückfahrt waberte Nebel von der Wupper herauf. Ein Temperaturwechsel kündigte sich an. Koslowski passierte die Brücke wie über Wolken. Besser erging es ihm dadurch nicht. Fliegen konnte er auch nicht ertragen.

Um 22:45 Uhr stand er in Elberfeld wieder auf dem Abstellgleis und überbrückte die Pause vor der letzten Fahrt mit einem zerfledderten Remscheider Generalanzeiger, den ein Fahrgast liegengelassen hatte. Ein Zugbegleiter war für diesen Tag nicht vorgesehen gewesen, sodass er selbst durch die Waggons gehen musste, um den Müll aufzusammeln. Eine angekokelte Rücklehne im letzten Wagen übersah er geflissentlich. Koslowski hatte keine Lust, ständig ellenlange Schadensmeldungen
auszufüllen. Der ungezügelte Vandalismus der orientierungslos durch den Tag taumelnden Jugendlichen ließ ihn kalt. Das alles war nur der wachsenden Personalmisere

der Bahn zu verdanken. Das war ihm klar. So klar, wie dass die ganze beschissene Welt ein einziger Trümmerhaufen war, sein eigenes Leben eingeschlossen.

Koslowski hatte schon viel über den Tod nachgedacht, würde ihn gerne fragen, nach welchem Konzept er vorgehe, warum er den einen auswähle und andere verschone. Noch war der Tod aber nicht bereit gewesen, mit Koslowski zu sprechen. Von daher blieb es eine einseitige Kommunikation, die in seinem Kopf spukte.

Es hatte vor ziemlich genau fünf Jahren begonnen, als seine Frau urplötzlich verstorben war. Mit ihrem Tod war sein eigener Lebensmut wie weggeblasen. Bis heute hatte Koslowski ihren Verlust nicht verwinden können. Sein Sohn wollte es nicht verstehen. Mit ihm war keine Kommunikation mehr möglich. Der Tod der Mutter hatte ihn völlig aus der Bahn geworfen.

Sascha war ein Spätgeborener gewesen. Mutters Ein und Alles. Als sie aus seinem Leben gerissen wurde, lag die unbeschwerte Kinder- und Jugendzeit seit Jahren hinter ihm. Doch mit ihren Mutteraugen hatte sie ihren Sohn immer noch als den kleinen, lieben Jungen gesehen, der er zu dieser Zeit schon lange nicht mehr war. Sie wollte es einfach nicht wahrhaben, dass Sascha sich zu einem rebellierenden Jugendlichen entwickelt hatte, der Halt in einer rechten Jugendclique suchte, Freunde, oder was er dafür gehalten hatte. Kameraden nannten sie sich untereinander. Vater Koslowski hatte das fast wahnsinnig gemacht. Seine Dauerbeschallung hatte Sascha schon vor Jahren aus dem Haus getrieben.

Koslowski war damals noch überzeugter Kommunist gewesen, alter DKPler, der mit aller Macht versucht hatte, seinen Sohn auf den richtigen Weg, den der Sozialistischen Linke, zu bringen – vergeblich. Seine Überzeugungsversuche waren ungehört verpufft, den Sohn hatte er verloren.

Inzwischen glaubte Koslowski selbst nicht mehr an seine alten Ideale. Damals, in den Siebzigerjahren, war er noch überzeugter Kommunist gewesen. Innerhalb seiner DKP gehörte er zu denjenigen, die sich vorsichtig in Richtung eurokommunistische Ansätze orientierten. Er engagierte sich in der Friedensbewegung, schloss sich Michail Gorbatschows neuer politischer Linie an. In den Achtzigern kam es zu Auflösungsprozessen. Die sogenannten ›Erneuerer‹ verließen die Partei. Sie wanderten zur SPD oder zur PDS ab.

Mit denen, vor allem mit der PDS, konnte Koslowski sich jedoch nicht anfreunden.

Als dann die ostdeutsche PDS mit den westdeutschen Linken fusionierte, hatte er bereits mit seiner alten und auch mit den neuen Parteien gebrochen. Sein politisches Engagement hatte damit ein Ende gefunden. Das alles ist jetzt lange her.

Obwohl Vater und Sohn beide in Wermelskirchen wohnten, gingen sie sich aus dem Weg. Sascha war in der rechten Szene eine regionale Größe geworden. Der Staatsschutz kannte ihn besser als sein eigener Vater. Der bekam hin und wieder Besuch vom Verfassungsschutz, konnte und wollte ihnen aber nichts erzählen.

Die Erfahrungen der Siebzigerjahre schmeckten Koslowski noch bitter nach. Willy Brandts SPD war es schließlich gewesen, die mit ihrem Extremistenerlass verhindert hatte, dass er als Lokführer verbeamtet werden konnte. Stephan Koslowski war damals auch in der Gewerkschaft aktiv gewesen, und er hatte im Betriebsrat der Bundesbahn gesessen. Nach jahrelangen Prozessen erstritt er sich seinen Beamtenstatus. Den Verfassungsschutz hatte er seitdem in keiner guten Erinnerung.

Heute gehörte Koslowski keinerlei Vereinigung mehr an. Seine Trauer und seine Sprachlosigkeit hatten ihn depressiv werden lassen. Das Wort ›Freunde‹ war ihm völlig unbekannt. Lediglich sein Nachbar Bielstein, ein Polizist, holte Koslowski gelegentlich aus seiner selbst gewählten Isolation heraus, indem er sich ab und zu bei ihm zum Kaffee einlud. Koslowskis Genever stand ebenfalls bereit und die Flasche blieb selten voll. Ihre Gespräche kreisten um längst vergangene Jahre, als ihre Kinder noch klein waren und Bielstein und Koslowski gemeinsam erst im Kindergarten, dann in der Schule gegen Lehrer und andere Eltern opponierten.

An Koslowskis Einsiedlerdasein hatte das nicht viel geändert. Die Kollegen mieden ihn, denn er umgab sich mit einer Aura des Unnahbaren. Das alles war Koslowski egal. Er lebte mehr schlecht als recht vor sich hin, würde aber gerne die letzten zwei Berufsjahre im Führerstand einer Lokomotive verbringen und nicht auf einem Abstellgleis. Die Welt sollte ihn einfach in Ruhe lassen und möglichst auch mit dem ›Müngstener‹ verschonen. Dass er die Schicht für einen erkrankten Kollegen übernehmen musste, lastete er seinem Schichtführer an, nicht seinem Unvermögen, sich diesem anzuvertrauen.

Lustlos blätterte Koslowski in dem Remscheider Generalanzeiger. Lokaler Aufmacher des Wermelskirchener Teils war das immer aggressivere Auftreten rechter Jugendgruppen im Stadtbild. Früher hätte Koslowski sich über solche Meldungen aufgeregt, hätte seine Genossen mobilisiert, hätte Gegenmaßnahmen organisiert. Heute merkte er nicht einmal mehr, wie viele »hätte« in seinem Kopf ihre Kreise zogen. »Scheiß-Nazis«, knurrte er nur, »sollte man alle aufhängen!«

Das Einfahrtsignal für den Bahnhof wechselte auf Grün. Koslowski knüllte die Zeitung zusammen und atmete tief durch. Noch eine Fahrt, dann wäre es für heute geschafft.

—

Das bringt nichts. Schon wieder Verlust. Julia war sauer. Tausend Euro für die Band und nur hundertzwanzig Zuhörer. Darunter waren bestimmt zwanzig gewesen, die sich auch noch um die fünf Euro Eintritt herumgedrückt hatten. Da musste man doch nicht rechnen können, um zu sehen, dass das nicht aufgehen konnte. Der Getränkeverkauf schaffte dabei keinen Ausgleich. Sponsoren gab es nicht. Wer finanziert auch Autonome? Die Stadt schon mal gar nicht, obwohl das hier gar keine richtigen Autonomen waren, eher ein selbst verwaltetes Jugendzentrum mit Vereinsstatus.

Oben im ersten Stock des autonomen Jugendzentrums hatte Julia sich ein kleines Büro eingerichtet. Dort war es ruhiger als nach vorne zur Hauptstraße hin. Tagsüber saß sie oft in diesem Kämmerlein und schrieb an ihrer Diplomarbeit. Den kleinen Schreibtisch hatte sie vor das Fenster gerückt. So konnte sie wenigstens das bisschen Grün sehen, das im Hof wild vor sich hin wucherte.

Resigniert schob Julia die Schlussrechnung beiseite. Schon fast zwei Uhr – sie schaute gähnend auf ihre Armbanduhr. Die anderen waren längst gegangen. Selbst die Bandmitglieder hatten sich heute schnell verabschiedet.

Den Abbau ihrer Anlage hatten sie auf den nächsten Tag verschoben. Alles war unten im Saal auf der Bühne stehen geblieben.

Julia knipste ihre Schreibtischlampe aus, lehnte sich erschöpft zurück und schaute aus ihrem dunklen Zimmer in die Nacht hinaus, in den sternenklaren Himmel.

»Warum tue ich mir das nur an?« Eine rhetorische Frage, die sie sich da stellte. Sie wusste schon, warum sie gerade hier ein Praktikum absolvierte.

Zu ihrem Studium der Sozialwissenschaften passte das ausgezeichnet. Im autonomen Jugendzentrum verkehrten Jugendliche aus dem gesamten bergischen Umland. Dieses Zusammentreffen würde beide Seiten befruchten, so hoffte sie. Trotzdem konnte das hier nicht so weitergehen. Sie müsste mal ein Wörtchen mit der Vereinsführung sprechen. Die schien sich jedoch mehr um die Außenwirkung ihres Jugendzentrums zu sorgen als um die Finanzen. Obwohl sie natürlich recht hatten, gestand Julia sich ein. Es ging nicht an, dass hier nach jedem Konzert Randale war und Unmengen zerdepperter Bierflaschen den Hof übersäten. »Das kotzt uns an«, hatte die Vereinsleitung ihren Gästen via Internet mitgeteilt.

»Recht haben sie ja«, sagte sich Julia und dachte dabei an die merkwürdigen Gestalten, die vor dem Konzert Zoff an der Einlasskontrolle gemacht hatten. Eine kleine Gruppe Schwarzgekleideter um einen offensichtlichen Anführer, der die anderen um einen ganzen Kopf überragt hatte, meckerte wegen des schleppenden Einlasses. Die vier oder fünf, die dazugehörten, hatte sie, mit Ausnahme eines Mädchens, hier noch nie gesehen. Ihrem Slang nach kamen sie anscheinend aus Köln. In einem erschreckenden Moment war ihr der Gedanke gekommen, es seien Rechte.

Zu fragen hatte sie sich aber nicht getraut und überdies gehörte diese junge Frau zu ihnen, die sie hier schon ein- oder zweimal gesehen hatte. Trotzdem zögerte Julia. Der Große motzte sie an: »Hast du ein Problem?«

»Nein, nein, alles in Ordnung«, sagte Julia und winkte die Gruppe durch.

Eigentlich sahen die auch gar nicht wie Rechte aus. Ihr Outfit unterschied sich in nichts von dem der üblichen Menschen, die hier Einlass begehrten, obwohl sie den Eindruck hatte, als ob der Große unter seiner Kappe eine Perücke trug. Das war schon irgendwie merkwürdig. Und lächerlich sah es auch noch aus – einem Mottenfänger aus dem Karnevalsfundus nicht unähnlich. Das Teil wirkte an diesem Hünen mit dem Kugelkopf völlig deplatziert.

Julias Gedankengänge wurden durch einen kleinen Tumult unterbrochen. Im Hof war irgendetwas los.

»Scheiße, pass doch auf!«, vernahm sie eine Männerstimme. Eine Flasche klirrte zu Boden.

Nicht schon wieder. Julia stand genervt auf und kletterte über ihren Schreibtisch zum Fenster.

»Geh näher ran!«, rief eine andere Stimme. Eine näselnde hohe Stimme, die ihr bekannt vorkam. Am Abend war sie ihr bereits aufgefallen, bei diesem großen Typen aus Köln. Diese Stimme hatte so gar nicht zu ihm gepasst. Ein Kerl wie ein Baum, aber das Falsett eines quengelnden Kleinkindes.

Julia beugte sich vor, um besser sehen zu können. In diesem Augenblick barst die Scheibe. Splitter ratschten ihr durchs Gesicht. Erschrocken riss sie die Arme hoch.

Eine Flasche mit brennender Lunte landete neben ihr auf dem Schreibtisch. Der Molotowcocktail zerplatzte mit einem dumpfen Knall. Ätzender Petroleumgestank erfüllte den kleinen Raum. Flammen züngelten über die ausgebreiteten Papiere.

Die nächste Flasche trudelte mit halber Kraft geworfen genau auf sie zu. Julia sah unten im Hof in die entsetzt aufgerissenen Augen einer vermummten Gestalt. Die schwarze Kopfmaske ließ nur die Augen frei, die Augen eines jungen Menschen, der auf die Frau starrte, die er kannte. Dass die da quasi im Fenster saß, hatte er nicht erwartet. Den Schwung seines Armes hatte er nicht mehr bremsen können. Die Flasche prallte gegen Julias Brust und fiel zu Boden; im Nu breitete sich eine Feuerlache aus, die Julia in eine Fackel verwandelte.

Jemand schrie irgendetwas und weglaufende Schatten verschwanden im Dunkeln. Viel mehr konnte sie später nicht erzählen. Die Erinnerung war ausgelöscht, nicht aber das Feuer. Wie Julia diesem Inferno entkommen konnte, wusste sie nicht zu sagen. Die Feuerwehr hatte sie mehr tot als lebendig vor dem Haus gefunden, das zu diesem Zeitpunkt in hellen Flammen loderte, während dunkle Qualmwolken die Dellmannstraße vernebelten und weiter in Richtung Innenstadt von Wermelskirchen waberten.

—

Wie immer war auch der Bereitschaftsdienst der Kripo zum Brandort gerufen worden. Caroline Beckers hatte das zweifelhafte Vergnügen, sich die von Scheinwerfern beleuchtete Ruine von außen zu betrachten. Aus allen Fenstern schlugen Flammen. Das Dach war bereits eingestürzt. Wasser- und Schaumfontänen ergossen sich über dem Haus. Mehr konnte die Feuerwehr nicht machen.

Die zuckenden Blaulichter der zahlreichen Feuerwehrwagen taten Beckers Augen weh. Beißender Rauch kratzte in ihrer Lunge. Sie musste sich bis an den Rand des Schotterparkplatzes zurückziehen.

Auf der Straße standen einige Streifenwagen. Sie riegelten das Terrain ab. Die Kriminalbeamtin fertigte aus der Entfernung ein paar Fotos, mehr für ihr eigenes Archiv als für die Akte. Eine ordnungsgemäße Tatortaufnahme müsste später bei Tageslicht durchgeführt werden. Jetzt war daran nicht zu denken. Das Gebäude war einsturzgefährdet, ein Herangehen an den Brandort nicht möglich.

Cora setzte sich auf einen Mülleimer, drehte sich mit tränenden Augen eine Zigarette und blinzelte auf das hektische Gewusel vor ihr.

So ein Großbrand passierte hier zwar nicht alle Tage; aber über Arbeitsmangel konnte sich das Regionalkommissariat Wermelskirchen auch so nicht beklagen. Irgendwo wurde immer gezündelt oder einfach nur vergessen, den Herd auszuschalten. So hatte Caroline Beckers – oder ›Cora‹, wie sie allgemein genannt wurde – sich in den letzten Jahren zu einer passablen Brandsachbearbeiterin herangebildet und sich unter den Kollegen Respekt verschafft.

Hier war vorerst nichts zu untersuchen. Die Feuerwehr würde noch Stunden brauchen, um alle Brandnester unter Kontrolle zu bringen. Einem Mitglied der Freiwilligen Wehr, die auch eingesetzt worden war, entwich ein so unüberlegter wie unqualifizierter Satz, der von einem Reporter des Generalanzeigers aufgeschnappt wurde. Er sprang zwischen den Beamten herum, knipste seine Kamera heiß und vernahm dabei die Aussage, dass möglicherweise ein

Kurzschluss in der Anlage der Musikband als Ursache anzusehen sei.

Das reichte ihm aus, um für die nächste Tagesausgabe noch eine kleine Spalte einrücken zu lassen, die er mit der Zeile überschrieb: »Legte Ska-Band das AJZ in Schutt und Asche?«

Die Nacht neigte sich dem Ende zu. An Schlaf war jetzt sowieso nicht mehr zu denken. Hier konnte Cora zurzeit nicht hilfreich sein, also hängte sie sich an den Krankenwagen an, der gerade abfuhr. Ein Notarzt und mehrere Sanitäter hatten sich seit über einer Stunde um die brandverletzte Person bemüht, die im Hof unweit des Notausganges gefunden worden war. Cora hatte sie nur von Weitem gesehen. Der Notarzt war mit der in eine Aluminiumdecke gewickelten Person so beschäftigt, dass sie ihn nicht ansprechen wollte. Vielleicht könnte sie gleich im Krankenhaus mehr erfahren.

Als sie ihr Auto hinter den Krankenwagen setzte, bemerkte sie im Rückspiegel einen Streifenwagen, der sich ihr anschloss.

Zu ihrem Erstaunen ging es nicht in Richtung Krankenhaus. Nach wenigen hundert Metern bog der Krankenwagen auf das Gelände der Feuerwache ein. Auf dem Garagenhof stand ein Hubschrauber abflugbereit. Die Trage mit der verletzten Person wurde eilig umgeladen und schon hob der Helikopter ab.

Bevor auch der Krankenwagen verschwinden konnte, setzte Cora ihren kleinen Peugeot quer davor und sprintete zur Beifahrertür.

»Jungens, wartet mal«, wedelte sie mit ihrem Ausweis.

Die Jungens zeigten sich durchaus von ihrer Erscheinung

beeindruckt, einer großen blonden Frau mit angenehmem Gesicht, kurzer Fransenfrisur und ausgewogenen Proportionen, die sie als Sportlerin auswiesen.

»Habt ihr irgendwelche Personalien und könnt ihr mir etwas über die Verletzungen sagen?«

Die Sanitäter zuckten nur mit den Schultern. »Übel verbrannt«, meinte dann der Beifahrer, »wird ins Klinikum Aachen geflogen, mehr kann ich auch nicht sagen.«

»Ist 'ne Frau«, fügte der andere noch hinzu.

»Wieso Aachen?«, fragte der uniformierte Polizist, der seinen Streifenwagen mit laufendem Motor neben Cora abgestellt hatte.

»Bieli?«, drehte Cora sich verwundert um, »ich dachte, ich hätte vorhin nicht richtig geschaut. Warum hast du eine Uniform an und fährst mit dem Streifenwagen durch die Gegend?«

Der lange hagere Polizist reagierte nicht auf Coras Frage.

»Wieso Aachen?«, wiederholte er und schaute den Sanitäter auf dem Beifahrersitz an.

»Die haben eine Spezialabteilung für Schwerstverbrannte.«

»Wird sie durchkommen?« Die Stimme des Polizisten klang ängstlich.

Der Sanitäter sah den Fragenden nur stumm an. »Wir müssen weiter«, sagte er nach einer Weile und zog die Tür zu.

Cora schaute den Rücklichtern hinterher. Das erste zaghafte Morgendämmern schob im Osten die Nacht beiseite.

Der Schutzpolizist stand mit hängenden Schultern neben der Kriminalbeamtin, die mit ihren Einszweiundachtzig fast seine Größe erreichte.

»Bieli!«, stieß sie ihn an.

Sie war eine der wenigen, die Holger Bielstein so nennen durfte, denn schließlich war er es auch gewesen, der Cora ihren Namen verpasst hatte. Beharrlich hatte er die Abkürzung ihres Vornamens Caroline von Caro in Cora verdreht, bis es sich auch bei anderen Kollegen einbürgerte.

»Deine Klamotten erinnern mich immer an einen Papagei«, hatte er dazu grinsend erklärt. »Das ist nicht bös' gemeint. Ich finde, das Bunte passt zu dir.«

Blöd war nur, dass alle anderen das spaßig fanden, und seitdem hieß Caro eben Cora. Ihre bevorzugte Kleiderkombination leuchtete üblicherweise in Grün oder Rot, möglichst noch mit einem gelben Einsprengsel in Form eines Schals oder Gürtels. »Das ist so und das wird auch so bleiben«, hatte Cora allen verkündet, die sich darüber lustig machten.

Ein zweiter Schubser ließ Holger Bielstein aufschauen. Sein Blick löste sich vom Pflaster des Garagenhofes. In seinen Augen glitzerte es feucht.

»Julia«, entrang sich ihm ein unterdrückter Seufzer.

Zuerst dachte Cora, ihr Kollege sei jetzt völlig weggetreten und kenne schon nicht mehr ihren Namen. Dann durchflutete es sie plötzlich heiß, und auch ihr stieg Wasser in die Augen.

»Julia … Julie befand sich in diesem Flammeninferno?«

Jetzt verstand sie Bielsteins Verzweiflung. Spontan umarmte sie ihn. Wortlos ließ Bielstein es geschehen.

Cora löste sich und Bielstein sah verwundert den Schmerz in ihren Augen.

»Bieli«, sagte sie nur, »fahr mich nach Hause. Ich mach' uns Frühstück und dann müssen wir reden.«

Frank von Schliepenstein saß vor einem üppig gedeckten Frühstückstisch. Frische Croissants gab es heute Morgen allerdings nicht. Die Ereignisse vor seinem Haus ließen keinen Bäckerbesuch zu.

Seine Frau verstand das alles nicht. Ihr aufgeregtes Gejammere nervte ihn.

»Was werden nur die Nachbarn sagen? So ein peinlicher Aufruhr in unserer beschaulichen Siedlung!«

Ärgerlich legte Schliepenstein die Zeitung beiseite. Zum einen wegen des Gezeters seiner Frau, noch mehr wurmte ihn aber der kleine Artikel im Generalanzeiger. Das hatte er anders geplant.

Seine Truppe hatte doch hoffentlich genug Graffiti im Stadtgebiet platziert. Da müsste man doch zwangsläufig darauf kommen, dass Neonazis für den Brandanschlag infrage kämen. Der Schreiberling der Zeitung war mit seinen Mutmaßungen zu vorschnell gewesen.

Jetzt ließ sich daran sowieso nichts ändern. Nachher würde er in der Redaktion die Gedanken des Reporters schon in die gewünschte Richtung lenken.

Jedenfalls verlief das Weitere ganz nach seinem Plan, wobei ihm die möglichen Reaktionen der Nachbarn piepegal waren. Seit die wussten, welcher politischen Richtung er angehörte, schauten einige von ihnen sowieso an ihm vorbei.

Demonstrativ zog er die Gardine an die Fensterseite und zeigte sich in voller Größe dem draußen lärmenden Mob. Ungefähr ein Dutzend schwarz vermummter Gestalten belagerten sein Reihenhaus am Mauspfad, einem Seitengässchen in der Siedlung Braunsberg.

Den Staturen nach zu urteilen, handelte es sich um Jugendliche. Ihre Buttons und teilweise bedruckten Kapuzenshirts wiesen sie als Angehörige der Antifa aus. Dazu hielten sie Transparente in die Luft. »Hier wohnt ein Nazi«; »Jagt die Braunen aus der Stadt« und »Mörderbande« stand auf ihnen.

Inzwischen hatten sich auch mehrere Pressefotografen eingefunden. Wie auf Kommando wandten sich die Randalierer ihnen zu und skandierten mit hochgereckten Fäusten: »Nazis raus!«

Schliepenstein grinste. Nach diesem verheerenden Brand letzte Nacht wäre damit zu rechnen gewesen, dass hier die tatsächliche Antifa auftauchen würde, um ihn zu diskreditieren. Darauf hatte er aber nicht setzen wollen. Also hatte er selbst das Heft des Handelns in die Hand genommen.

Noch immer grinsend verschränkte er seine Arme vor der Brust und bot so den Fotografen das Bild eines furchtlosen, aufrechten Mannes. So eine souveräne Erscheinung wünschte man sich doch als Vorsitzenden einer Partei, die für Recht und Ordnung und nationalen Sozialismus steht. Nationaler Sozialismus – NS. Jeder konnte sich darunter etwas vorstellen. Und doch war der Begriff sprachlich weit genug vom Nationalsozialismus entfernt, um sich keinen staatlichen Ärger einzuhandeln. Schliepenstein ärgerte sich nur, dass nicht ihm diese Begriffsabhandlung eingefallen war. Rechte Jugendgruppen aus der Region hatten ihn in letzter Zeit etabliert. Gleichwohl verwendete auch er ihn.

Doch noch konnte Frank von Schliepenstein sich nicht Parteivorsitzender nennen. Seine neue Partei existierte bisher nur in den Köpfen einer kleinen Verschwörergruppe. VdDN, Vereinigung der Deutsch-Nationalen, würde sie heißen und sie würde sich von der bisherigen nationalen Partei abgrenzen. Obwohl sie gleiche, wenn nicht sogar extremere Ziele verträte, sollte sie und damit auch Schliepenstein moderater auftreten. Schliepenstein und seine geheimen Mitstreiter befürchteten, dass die alte Partei demnächst verboten würde. Käme es tatsächlich so, dann wären sie mit ihrer neuen Partei rechtzeitig am Start, um die Rechte mit frischem Wind kraftvoll wiederzubeleben.

In der bisherigen Partei saß Schliepenstein noch im Führungskader und er war auch im Stadtrat vertreten gewesen. Seine alten Kameraden ahnten nichts von den Plänen des Abtrünnigen und seine neuen Verbündeten nichts von dem, was Schliepenstein sich für die nächsten Tage vorgenommen hatte. Medienwirksam würde er sich in Szene setzen und gleichzeitig unbequeme Weggenossen loswerden. Dabei brauchte er keine Berater und schon gar keine Mitwisser, allerdings skrupellose Handlanger, die nicht durchblickten, auf was sie sich einließen.

Zufrieden blickte er auf das Spektakel vor seinem Haus. Schlagartig wurden seine Gesichtszüge ernst. Hinter einem der mit Tüchern und Sonnenbrillen verdeckten Gesichter glaubte er, Melanie entdeckt zu haben. Er hatte seiner Tochter doch verboten, da mitzumachen. Sie sollte um diese Zeit in der Schule sein. Seine Truppe von der »Kameradschaft Bergisch Land« reichte völlig aus, um das kleine Schmierentheater aufzuführen. Die Antifa-Demo spielten sie überzeugend. Die Fotografen waren jedenfalls ob der dargebotenen Motive begeistert und selbst Schliepensteins Frau durchschaute das Spiel nicht.

Leider war von dem Fernsehteam des WDR noch immer nichts zu sehen, obwohl er den Pressefritzen doch rechtzeitig eindeutige Hinweise hatte zukommen lassen.

Jetzt waren von der B51 her bereits Polizeisirenen zu hören. Damit wäre das Schauspiel wohl bald beendet.

Noch bevor der erste Streifenwagen sich durch die engen Siedlungsgassen schlängeln konnte, verschwanden die vermummten Gestalten im angrenzenden Wäldchen.

Frank von Schliepenstein wandte sich befriedigt ab, begab sich vor die Haustür und blickte den Polizisten abwartend entgegen. Nachher würde er in die Stadt fahren, wo er sich beim Generalanzeiger zu einem Interview angekündigt hatte.

—

Das von Cora versprochene Frühstück verlief in gedrückter Stimmung.

Auf der zehnminütigen Fahrt nach Bergisch Born sprach Holger Bielstein kein Wort. Cora saß zusammengesunken neben ihm und schwieg ebenfalls. Erst als sie am Schwarzen Weg vor ihrer Wohnung ausstiegen, nahm sie wahr, dass sie in einem Streifenwagen gesessen hatte.

»Was soll das eigentlich? Bist du jetzt zur Schutzpolizei gewechselt?«

Bielstein, der bei der Kripo für Diebstahldelikte zuständig war, hatte keine Lust auf lange Erklärungen.

»Mache nur eine Hospitation«, antwortete er kurz angebunden. Seine Gedanken kreisten um ganz andere Probleme, um seine Tochter Julia.

In ihrer Einliegerwohnung unter dem Dach des schmucken Hauses riss Cora erst einmal alle Fenster auf, um den kalten Zigarettenmief freizulassen.

»Julia raucht auch«, sagte Bielstein. »Schön hast du es hier«, meinte er dann übergangslos, ohne sich wirklich umgeschaut zu haben.

»Ja«, antwortete Cora, »ich bin zufrieden. Nette Vermieter, und ich darf den Garten mitbenutzen. Nur nebenan in der Waldorfschule wird es in den Pausen immer laut. Ansonsten zwitschern hier nur die Meisen, und einige Elstern krakeelen herum. Gott sei Dank bin ich tagsüber ja meist nicht zu Hause.«

Dann wurde ihr bewusst, welch banalen Unsinn sie hier an diesem schrecklichen Morgen redeten.

»Setz dich«, drückte sie Bielstein auf einen Stuhl, »ich mach' uns Kaffee.«

»Dass Julia raucht, heißt gar nichts«, rief sie von der Küche herüber. »Wodurch der Brand verursacht worden ist, kann ich Dir hoffentlich nach der Tatortarbeit sagen. Das Spekulieren sollten wir bis dahin besser unterlassen.«

Bielstein sagte nichts weiter, bis Cora ihm gegenübersaß, Kaffee einschenkte und ihm einen Käsetoast zuschob.

»Du nanntest sie ›Julie‹«, schaute er seiner Kollegin in die Augen. »So französisch ausgesprochen nennen sie nur ihre Freunde.«

In Coras Gesicht zuckte es und wieder glänzten ihre Augen feucht. »Ich bin ihre Freundin. War ihre Freundin«, sagte sie leise.

Bielstein schaute sie an wie eine Schlange das Kaninchen. »Du bist lesbisch.«

»Julie offensichtlich nicht, wenn dich das beruhigt«, entgegnete Cora wütend. Sie hätte nicht gedacht, dass Bieli

25

so ein verklemmter Typ war.

»Wir waren nur kurz zusammen, bevor sie zum Studium nach Köln ging.«

»Hast du sie angemacht?«, ließ er nicht locker.

»Verdammt, Bieli!«, haute Cora auf den Tisch. »Ich habe deine Tochter nicht angemacht. Es hatte sich so ergeben.«

Bielstein wischte sich über die Augen. »Sie wohnt wieder vorübergehend hier, weil sie im AJZ ein Praktikum macht.«

»Wusste ich nicht«, knurrte Cora noch wütend.

»Sie hat mir erzählt, dass sie zurzeit mit einem Freund in einer WG wohnt. Ich weiß aber nicht, wer das ist oder wo das ist.«

»Ich auch nicht«, sagte Cora trotzig, »es ist mir auch egal.«

Heftig stieß sie ihren Stuhl zurück, ging zum Telefon und ließ sich von der Polizeiwache die Rufnummer des Aachener Krankenhauses geben.

Dreimal wurde sie weiterverbunden. Dann meldete sich Schwester Juliane.

»Juliane? Wie passend«, bellte Cora ins Telefon.

Konsterniert fragte die Krankenschwester, wer da sei und was sie wolle.

»Beckers, Kriminalpolizei Wermelskirchen. Ich möchte wissen, wie es Julia Bielstein geht.« Ihre Stimme klang nun etwas verbindlicher. »Sie ist heute Nacht mit schweren Brandverletzungen bei ihnen eingeliefert worden.«

Jetzt war aber Schwester Juliane fuchsig: »Polizei? Kann ja jeder sagen. Auf meinem Display wird eine private Nummer angezeigt.«

»Verdammt, ich bin nicht in der Laune, mit Ihnen zu

diskutieren. Geben Sie mir den zuständigen Arzt!«

Schwester Juliane dachte nicht daran. »Julia Bielstein heißt sie? Wir haben bisher keinerlei Personalien. Nennen Sie mir doch bitte mal die Adresse, Geburtsdatum und die Krankenkasse der jungen Frau.«

»Weiß ich nicht«, sagte Cora, »ich reiche Sie gleich an ihren Vater weiter. Was ist jetzt?«

Schwester Juliane seufzte: »Wir haben die junge Frau erst einmal stabilisiert und in ein künstliches Koma gelegt.«

»Wann wird sie ansprechbar sein?«, fragte Cora.

»Schwer zu sagen. Vielleicht in ein, zwei Tagen.«

Die Krankenschwester wollte noch etwas anfügen, zögerte aber und sagte dann: »Am besten, Sie reden morgen mit Dr. Weinbach. Heute ist er nicht mehr im Dienst.«

»Danke«, sagte Cora und drückte Bielstein den Hörer in die Hand.

—

Thorsten Schrader lümmelte sich in seinem Schreibtischstuhl. Nur mit Mühe konnte er ein Gähnen unterdrücken. Die ganze Nacht über war er auf den Beinen gewesen, hatte dann kurz seine Eilmeldung geschrieben, anschließend rga-online mit einem längeren Artikel bedient, seine Fotos bearbeitet, die nun ausgedruckt vor ihm auf dem Tisch lagen, und wartete jetzt auf Frank von Schliepenstein.

Seine Kollegen saßen derweil im »Va Bene« und genossen ihre Mittagspause. Normalerweise schloss Schrader sich gerne an, wenn es in die Pizzeria ging. Heute war aber kein normaler Tag. Erst dieser gewaltige Brand, bei dem eine noch unbekannte Person verletzt wurde, dann diese Schmierereien, mit denen offensichtlich in der gleichen

Nacht Wermelskirchener Gebäude verschandelt wurden. Es war nicht zu übersehen, dass Neonazis und auch Autonome im Stadtgebiet ihr Unwesen trieben.

An den Glasscheiben des Buswartehäuschens vor dem Rathaus forderten Rechte: »Nationaler Sozialismus jetzt«. Vor allem der Spruch »Linkes Gezeter – neun Millimeter« klang sehr bedrohlich und sorgte für Aufregung.

Am Schiller-Gymnasium und an der Kattwinkelschen Fabrik fanden sich dagegen frische Graffiti, die offensichtlich von der Antifa stammten. »Nazis raus« stand an der Schule in mannshohen roten Lettern und »kein Bier für Nazis« verunzierte die Einfahrt des Parkplatzes vor dem Bistro der Kulturfabrik. Das waren zwar bekannte Sprüche, in ihrer unübersehbaren Aufdringlichkeit aber ungewöhnlich.

Dazu kam die morgendliche Demonstration vor dem Haus des Rechtsanwaltes, der sich zu einem Interview angekündigt hatte und wegen dem Schrader hier noch ausharren musste, bevor er sich seiner ersehnten Bettruhe zuwenden durfte.

Er misstraute inzwischen seiner eigenen Eilmeldung, die sein Nachtredakteur noch vor der Auslieferung des Generalanzeigers einrücken konnte. Mit der Vermutung der Feuerwehr, der Brand im Jugendzentrum sei durch einen Kurzschluss entstanden, hätte er vielleicht doch nicht so schnell an die Öffentlichkeit treten sollen.

Wie es schien, braute sich irgendetwas zwischen Rechten und Linken zusammen. Könnte es da nicht sein, dass der Brand im AJZ ein Anschlag gewesen war?

Erst vor Kurzem hatte die Razzia bei der Kameradschaft in Radevormwald die rechte Szene in Aufruhr versetzt. War der Brand deshalb vielleicht eine Reaktion der »Kameradschaft Bergisch Land«?

Die Autonomen mussten das angenommen haben. Warum sonst die Demo vor Schliepensteins Haus und warum zu diesem Zeitpunkt?

Schrader wusste nicht viel über die Autonomen, hatte keine Ahnung, wie sie tickten, schon gar nicht, was ihr Anliegen war oder ob sie überhaupt eines hatten. Im AJZ war er noch nie gewesen. Jedenfalls schienen die Autonomen über ein gut funktionierendes Netzwerk zu verfügen. Wie sonst hätten sie so schnell nach dem Brand die Demo organisieren können? Außerdem hatten sie auch noch Unmengen Laternenpfähle und Ampelmasten mit ihren kleinen Plakaten bekleben können, auf denen die autonome Antifa forderte: »Nazis klatschen.«

Sehr beunruhigend das Ganze. Schrader kratzte sich nachdenklich den Kopf.

Und die Rechten? Was wollen die plötzlich hier in der Stadt? Von ihnen wusste Schrader noch weniger. Ihre Ziele und Aversionen gegen ausländische Bevölkerungsgruppen, gegen Andersdenkende und alles, was links schien, war allgemein bekannt – aber Genaueres …?

Schraders Zuständigkeit beim Generalanzeiger beschränkte sich auf den lokalen Wermelskirchener Teil. Rechte kamen darin bisher kaum vor. Er würde Schliepenstein fragen, schließlich war der ja Mitglied der DNP, und wenn der nicht Bescheid wüsste, wer denn?

Frank von Schliepenstein zeigte sich blendender Laune, als er gegen 12:30 Uhr im Redaktionsbüro Schrader gegenübersaß.

»Sehen Sie, Herr Schrader«, erläuterte er jovial, »wie Sie wissen, bin ich Mitglied der DNP, einer Partei, die für Recht und Ordnung steht, wenn ich es mal so vereinfacht ausdrücken darf. Überdies bin ich Anwalt in dieser Stadt, bin also im besonderen Maße dem Recht verpflichtet. Was habe ich mit irgendwelchen chaotischen Horden zu tun, die Gewalt auf unsere Straßen tragen?«

Sein pausbäckiges Gesicht durchzogen Lachfältchen, so als ob er sich über Schraders Fragen belustigte. Über seiner Hornbrille standen buschige Augenbrauen. Hinter den dicken Brillengläsern schauten wache Augen mit grünen oder grauen Pupillen sein Gegenüber an. Schrader konnte es nicht so genau erkennen. Er war sowieso nicht der Typ, der Gesprächspartnern lange in die Augen sehen konnte.

»Man sagt Ihrer Partei nach, dass sie die Kameradschaften als willfährige Unruhestifter benutzt, um die Bevölkerung zu verunsichern.«

»Ach was«, lachte Schliepenstein. Er hatte schnell gemerkt, dass Schrader kein Gesprächspartner war, der ihn in Verlegenheit bringen könnte.

»Die Kameradschaften, wie Sie sie nennen«, sagte er, »sind lose Vereinigungen, die keiner Partei angehören, auch nicht unserer. Es mag sein, dass sie gelegentlich gewalttätig sind. Das ist nicht von uns gewünscht und auch nicht gewollt und schon gar nicht von der Partei gesteuert.«

»Aber«, holte Schrader gedehnt aus und ärgerte sich, dass gerade er auf diesen aalglatten Anwalt angesetzt wurde, »aber diese Kameradschaften benutzen Parolen, die auch Ihre Partei verbreitet.«

Schliepenstein ließ sich nicht aus der Ruhe bringen: »Und wenn ich sage: ›Nicht von der Partei gesteuert‹, dann heißt das, dass diese Kameradschaften nicht unserer Partei angehören. Wir – und damit auch ich – haben keinerlei Einfluss auf ihr Tun.

Und glauben Sie mir«, fuhr er fort und wischte damit das nächste »Aber« Schraders beiseite, »über die Parolen meiner Partei bin auch ich nicht immer glücklich. Ich habe durchaus den Eindruck, der nationale Gedanke könne eine Erneuerung gebrauchen. Die konservativen Kräfte unseres Landes wünschen eine Neuorientierung. Ich verhehle nicht, dass ich mit dem Gedanken spiele, mich an die Spitze einer solch neuen Bewegung zu setzen.«

Damit war es heraus, im Plauderton vorgetragen, doch Schrader verstand es nicht sofort und fragte nach: »Eine neue Bewegung? Was heißt das? Wollen Sie die extremen Konservativen um sich sammeln, gar eine neue Partei gründen?«

Schliepenstein seufzte. Geduldig begann er von vorne.

Schrader behielt von all dem im Kopf, dass Wermelskirchen offensichtlich die Keimzelle einer neuen Rechten werden sollte. Was Schliepenstein mit diesen Kameradschaften zu schaffen hatte, ob die wiederum mit dem Brand des AJZ in Verbindung zu bringen seien und warum er, Schliepenstein, von den Autonomen öffentlich gebrandmarkt wurde, blieb unbeantwortet.

Letzteres tat Schliepenstein als Lappalie ab. Er sei halt eine bekannte Persönlichkeit, die mit ihrer nationalen Gesinnung nicht hinter dem Berg halte, und von daher eine gern genommene Zielscheibe der linken Chaoten.

»Solange diese Spinner keinen von uns erschießen, sollen sie doch krakeelen. Das interessiert doch keinen Menschen«, lachte Schliepenstein und überreichte Schrader zum Abschied noch eine Einladung zu einem Vortrag, den er im »Bergischen Haus« halten wollte.

—

Nachdem Bielstein sein kurzes Gespräch mit Krankenschwester Juliane beendet hatte, war ihm kein vernünftiges Wort mehr zu entlocken. Seinen Gesichtsausdruck vermochte Cora nicht zu deuten. Wut, Traurigkeit, Angst, alles zeichnete sich ab. Er sagte nichts mehr. Den Blick, den er ihr zuwarf, empfand sie als vorwurfsvoll.

Das hielt sie nicht länger aus. Cora rief erneut die Wache an und orderte einen Streifenwagen, der Bieli nach Hause bringen sollte. Danach klingelte sie ihren Chef an, der inzwischen ebenfalls am Frühstückstisch saß. Sie berichtete ihm von ihrem Nachteinsatz und bat darum, für den Mittag einen Brandsachverständigen zu besorgen. Bevor sie sich dann für einige wenige Stunden schlafen legte, telefonierte sie auch noch mit Bielsteins Nachbarn. Sie wusste, dass Stephan Koslowski und Bieli so etwas Ähnliches wie Freunde waren. Cora wollte, dass er sich ein wenig um ihren Kollegen kümmerte. Koslowski ging aber nicht ans Telefon. Ihre Nachricht sprach sie ihm auf Band.

In den folgenden Stunden wälzte sie sich unruhig hin und her. Richtigen Schlaf fand sie nicht. Julie ging ihr nicht aus dem Kopf.

Cora hatte Bielstein angelogen. Sie wusste sehr wohl, dass Julie wieder in der Stadt weilte, und sie hatte versucht, ihren alten Kontakt wieder aufleben zu lassen – ja, sogar versucht, sie anzumachen. So drückte es Bieli doch aus?

»Fass mich nicht an!«

Fast entsetzt hatte es geklungen, als Cora vor einer Woche zufällig in der Drogerie auf Julie traf, sie freudig umarmte und das unverhoffte Wiedersehen mit einem Kuss besiegeln wollte. Um der intimen Berührung zu entgehen, stolperte Julie rückwärts. Der Inhalt ihres Einkaufskorbes verteilte sich auf den Fliesen. Eine peinliche Situation. Cora bückte sich hastig, um Julie beim Einsammeln zu helfen. Zahncreme, Tampons, Haarwaschmittel – und plötzlich hielt sie eine Packung Kondome in der Hand.

Julie hielt ihre Augen gesenkt. »Cora«, sagte sie leise und nahm ihr die Schachtel aus der Hand, »es war schön mit dir – damals; aber das ist endgültig vorbei.«

Als Julie wieder aufschaute und ihr Blick Coras Augen traf, stand die schnell auf und drehte sich weg. Ihre Tränen wollte sie nicht zeigen.

»Ach, Julie.« Seufzend wälzte Cora sich im Bett umher. Von draußen ertönte der Gong der benachbarten Schule zur großen Pause.

Cora rappelte sich hoch und schloss das Fenster. Kindergeschrei konnte sie jetzt nicht ertragen. Wieder ins Bett zu gehen, brachte auch nichts.

Sie zündete sich eine Zigarette an und telefonierte noch einmal mit dem Krankenhaus, nur um zu erfahren, dass es nichts zu erfahren gäbe. Der Arzt, den sie sprechen sollte, befand sich in einer Operation, die noch Stunden dauern würde.

Cora duschte ausgiebig, legte eine Packung Fertiglasagne in die Mikrowelle, ließ sie anschließend erkalten und frühstückte stattdessen eine weitere Zigarette.

Helles Sonnenlicht empfing sie, als sie gegen Mittag aus dem Haus trat. Cora atmete tief durch. Mit abgeschatteten Augen blickte sie in den blauen Himmel, an dem sich aus Richtung Köln kommend schon wieder dunkle Wolken zeigten. Ihre rote Tasche mit dem Laptop, die sie ständig bei sich trug, hing über der Schulter, den Autoschlüssel hielt sie in der Hand. Damit konnte sie jedoch nicht viel anfangen, denn erst jetzt fiel ihr ein, dass ihr Peugeot ja noch auf dem Hof der Feuerwache stand. Der Streifenwagen, den Bielstein gefahren hatte, wurde von den Kollegen mitgenommen, die Bielstein abholten. Cora bestellte eine Taxe und nannte die Adresse ihrer Dienststelle in Wermelskirchen. Die Taxifahrerin nickte nur und sagte »Hallo«. Sie kannten sich. Cora akzeptierte keinen männlichen Fahrer.

Unterwegs überlegte Cora es sich anders. Sie dirigierte die Taxe zu der Bäckerei in die Telegrafenstraße, in der sie gelegentlich ihr Frühstück einnahm. Ungefragt stellte die Taxifahrerin eine Quittung aus. Wie gesagt, sie kannten sich. »Mach's gut«, sagte Cora, »den Rest laufe ich«, und schlug die Tür zu.

Frank von Schliepenstein verspürte nach seinem Besuch in der Redaktion auch keinen großen Appetit. Bevor er in die Kanzlei fahren würde und später nach Köln, machte er noch einen kleinen Umweg und versorgte sich in der gleichen Bäckerei mit einem mit Schinken belegten Brötchen. Auf dem Rückweg zu seinem Büro in der Innenstadt umkurvte er mit seinem schwarzen Daimler den halben Kreisel an der Ecke Remscheider Straße und fuhr dann in die Verlängerung der Telegrafenstraße ein. Vor dem griechischen Lokal stand ein Schutzmann und winkte ihn an die Seite.

»Ihr Blinker ist kaputt«, sagte er, ohne einen Tagesgruß zu entbieten. Nicht einmal die Hand führte er zur Begrüßung an den Schirm seiner Mütze.

»Mein Blinker ist nicht kaputt. Wie kommen Sie darauf?«

»Beim Verlassen des Kreisels habe ich keine Richtungsanzeige an Ihrem Fahrzeug bemerkt«, entgegnete der Polizist.

»Ich habe ja auch gar nicht geblinkt.«

»Also haben Sie vorsätzlich die Straßenverkehrsordnung missachtet«, stellte der Polizist fest. »Ihren Führerschein und die Fahrzeugpapiere, bitte«, streckte er auffordernd die Hand vor.

»Was soll das?«, wurde Schliepenstein ungehalten. »Sie kennen mich, wissen, wer ich bin, was wollen Sie mit meinen Papieren?«

Der Polizist zeigte sich ungerührt: »Ich stelle fest, dass Sie uneinsichtig sind. Ich werde Sie zum Verkehrsunterricht vorladen.«

Wütend haute Schliepenstein auf sein Lenkrad und hätte sich zu einer Beleidigung hinreißen lassen, wenn nicht plötzlich eine große blonde Frau an sein geöffnetes Seitenfester getreten wäre.

Cora wollte den Fußmarsch von der Bäckerei zu ihrer Dienststelle nutzen, um Sauerstoff zu tanken. Der dünne Kaffee vorhin hatte sie nicht wirklich aufgemuntert.

»Fahren Sie weiter, Herr von Schliepenstein«, beugte sie sich zum Fenster hinunter.

Schliepenstein grummelte irgendetwas und fuhr kopfschüttelnd an.

»Arsch!«, schickte der Polizist ihm hinterher.

»Bieli, du solltest dich krankschreiben lassen, anstatt hier solchen Unsinn zu verzapfen. Du siehst elendig aus.«

»Danke, du auch«, knurrte Bielstein. »Ich kann nicht zu Hause rumsitzen. Das würde mich verrückt machen.«

Cora fasste ihrem Kollegen an den Arm. Es sollte eine mitfühlende Berührung sein. Bielstein aber wich zurück:

»Das ist auch einer von diesen braunen Ärschen«, nickte er in Schliepensteins Richtung. »Schau dich doch hier nur mal um.«

Seine Hand zeigte auf den Laternenpfahl.

Cora sah ein kleines Plakat mit einer schwarz vermummten Gestalt, über der in roter Schrift stand »Nazis klatschen«. Auf sämtlichen Pfählen und Straßenschildern ringsherum klebten dieselben Motive.

»Die stammen aber eher von den Autonomen«, sagte Cora.

»Ja, wahrscheinlich als Reaktion auf die Nazischmiererei unten am Rathaus.«

»Wie auch immer«, griff Cora jetzt zupackend Bielsteins Arm. »In deinem Zustand kannst du jedenfalls nicht hier herumgeistern und harmlose Bürger belästigen. Komm mit und zieh diese Uniform aus. Ich kann dich dringender gebrauchen.«

»Von wegen harmlos«, murmelte Bielstein und ließ sich unwillig mitschleifen.

Hauptkommissar Michael Kocher saß auf der Wache. Als Wachdienstführer nahm er gerne diesen Platz ein. So war er Herr über Funkgeräte, Computer, Notruftelefon und Einsatzvergaben. Seine Mannen und Streifenwagen konnte er von hier aus dirigieren. Außerdem bot sich ihm ein Überblick darüber, wer hier so tagsüber die verschiedenen Dienststellen frequentierte. Jeder musste sich zunächst bei ihm anmelden und sein Begehren kundtun. Mit anderen Worten: Er war bestens informiert und verwaltete seinen Wissensvorsprung egoistisch.

Cora und Bielstein begrüßte er grinsend: »Na, ist diese linke Räuberhöhle endlich abgefackelt?«

Cora sah den aufkeimenden Zorn in Bielsteins Gesicht und versuchte zu beschwichtigen: »Bielis Tochter wurde dabei schwer verletzt. Außerdem war das ein weithin bekanntes Kommunikationszentrum und keine Räuberhöhle.«

»Oh, Verzeihung, wusste ich nicht«, sagte Kocher. So wie er es sagte, klang es sarkastisch. Ein Ausdruck des Bedauerns war seinem Gesicht nicht zu entnehmen. Überdies war es gelogen, denn dass Bielsteins Tochter bei dem Brand verletzt wurde, wussten inzwischen alle Kollegen.

Bielstein stand kurz vor dem Ausrasten. »Das bringt nichts«, zog Cora ihn in das Treppenhaus.

»Alles Nazischweine!«, schrie Bielstein und starrte den noch immer grinsenden Kocher durch die Glasscheibe der Tür an.

Cora rüttelte Bieli an den Schultern, nahm ihn dann in den Arm: »Du bist einfach fertig. Geh dich umziehen, und in einer halben Stunde will ich dich in meinem Büro sehen.«

Bielstein drehte sich wortlos um und schlurfte die Treppe zu seinem eigenen Büro hoch. »Kocher gehört auch zu der braunen Partei von diesem Schliepenstein«, hörte Cora ihn noch sagen.

Ihr Chef war einverstanden, dass sie mit Bielstein ein Team bildete. Der Brandsachverständige würde gegen 14:00 Uhr am AJZ sein. Sie selber solle die Ermittlungen sensibel angehen und keine voreiligen Schlüsse ziehen, auch wenn Kocher unten auf der Wache keinen Hehl daraus mache, dass ihn das Abbrennen des AJZ freue.

»Was ist denn mit Kocher? Bielstein meinte, er gehöre zu Schliepensteins Partei.«

»Jedenfalls ist seine ausländerfeindliche Haltung offensichtlich«, sagte Coras Chef und schloss die Bürotür. »Es hat mehrere Dienstaufsichtsbeschwerden gegeben und jetzt läuft ein Disziplinarverfahren gegen Kocher.«

»Augenscheinlich bin ich die Einzige, die hiervon nichts weiß«, sagte Cora. »Ich fahre nachher mit Bielstein zum Brandort raus und dann sehen wir weiter.«

»Hältst du es wirklich für richtig, Bielstein in deine Ermittlungen einzubinden?«

Cora seufzte: »Er braucht jemanden, der ihn im Blick hat, sonst rastet der aus. Krankschreiben lassen will er sich nicht und nach Hause geht er auch nicht. Also halte ich ihn in meiner Nähe. Ist das okay?«

Coras Dienststellenleiter sah sie lange an, dann nickte er zustimmend.

—

Leichter Nieselregen zog von der Altstadt zur rechten Rheinseite herüber – Westwind. Wenn der Wetterbericht stimmte, waren die paar schönen Frühlingstage schon wieder vorbei. Die geschwungenen Stahlbögen der Hohenzollernbrücke glänzten nass im trüben Licht. Von hier, der Deutzer Seite her gesehen, gab selbst das ansonsten strahlende Blau des Musical Dome nicht viel her. Einzig die beiden gotischen Türme des Kölner Doms ließen sich vom Wetter nicht beeindrucken. Majestätisch wie eh und je erhoben sie sich über alle anderen Bauten des gegenüberliegenden Rheinufers.

Aus Richtung Deutzer Bahnhof her schlenderte ein großer Mann zum Kennedy-Ufer hinunter – »latschte« wäre wohl der bessere Ausdruck. Die Hände hatte er tief in die Taschen seiner Hose vergraben. Die schwarzen Springerstiefel unterstrichen noch den Militärlook der Hose. Seine kurze schwarze Jacke trug er offen und zeigte darunter einen beachtlichen Bauchansatz. Auf seiner Glatze perlte die Nässe. Die Baseballkappe mit der eingearbeiteten Perücke trug er heute nicht. Es gab keinen Grund, seine Gesinnung zu verschleiern.

Der Mann war ein Hüne, zu dem das kindlich runde Gesicht mit der Stupsnase und dem Ansatz eines Doppelkinns wie ein Fremdkörper wirkte. Seine 28 Jahre glaubte man ihm nur nach einem Blick in seinen Personalausweis.

Er zögerte kurz, ging dann weiter runter zum Uferweg. Bei diesem Wetter hielt sich sonst niemand hier auf. Beim zweiten Bootsanleger blieb er abwartend stehen und schaute sich suchend um.

Das Horst-Wessel-Lied erklang. Ohne untermalende Melodie schmetterte ein Männerchor »Die Fahne hoch! Die Reihen fest geschlossen!« So manch verschämtes Gelächter hatten diese Zeilen schon hervorgerufen, wenn Bennis Handy in einer Fußgängerzone ansprang. »SA marschiert mit ruhig festem Schritt« ließ er noch weiter grölen, bevor er das Gerät aus seiner Hosentasche fischte und ein näselndes »Heil« in den Hörer schickte.

Benni war so drauf. Er stellte tatsächlich das wandelnde Klischee eines Rechten dar, inklusive der tätowierten Doppelacht im Nacken, die man allerdings wegen des hochgestellten Kragens nicht sehen konnte. Provokation war sein Leben. Selbst Knast nahm er dabei stoisch hin.

»Geh weiter bis zum Parkplatz«, antwortete knapp eine dunkle Männerstimme.

Benni drehte sich in die angegebene Richtung und sah in der Ferne einen Mann neben einem schwarzen Daimler stehen. Mit hochgeschlagenem Mantelkragen und Hut sah er Benni regungslos entgegen, führte nur in gleichbleibenden Abständen ein Zigarillo an die Lippen.

Seine korpulente Gestalt maß keine einssiebzig, strahlte aber mit dem durchgedrückten Rücken kraftvolle Energie aus. Buschige Augenbrauen über wachen Augen verstärkten diesen Eindruck. Unter seinem Trenchcoat trug Frank von Schliepenstein einen dunkelblauen Anzug. Den voluminösen Kopf zierte ein breitkrempiger Stetson, von dem es unbeachtet heruntertropfte. Bis auf seine Hand mit dem Zigarillo regte sich nichts an ihm. Ruhig wartete er auf Benni, der jetzt eine schnellere Gangart einlegte.

Benni konnte sich keinen richtigen Reim auf Frank von Schliepenstein machen. Ohne Frage war der eine Persönlichkeit innerhalb der Partei, distanzierte sich aber mehr und mehr von ihr und redete immer öfter einer neuen Rechten das Wort. Was da in der DNP vorging, wusste Benni nicht. Schliepenstein war seine einzige Verbindung zur Partei. Er selbst agierte mit seinen Leuten der Kameradschaft unabhängig, nahm aber gerne von Schliepenstein Aufträge entgegen. Belohnt wurden sie mit guten Euros, von denen wiederum seine Kameraden nichts wussten. Die gaben sich mit kostenlosen Aufenthalten auf Schliepensteins Feriengrundstück in der Eifel zufrieden – zumal wenn sie mit spannenden Aktionen und abschließendem Saufgelage verbunden waren. Wie zuletzt vor drei Wochen, an dem ersten frühlingswarmen Wochenende: Michael Kocher hatte sich sogar im Camp eingefunden. Das stärkte ihnen allen den Rücken.

Seit dem Bekanntwerden der NSU-Terrorgruppe standen sie im verschärften Fokus der Öffentlichkeit. Wenn sich trotzdem ein gestandener Polizist wie Kocher unter die Kameradschaft begab, konnte es gar nicht so schlecht um die Rechte bestellt sein, hatte Benni zufrieden festgestellt. Mit Kochers Dienstwaffe hatten sie Jagd auf Linke gemacht und auch einige Turbanträger per Kopfschuss in ihr himmlisches Paradies geschickt. Zwar waren das alles nur Pappkameraden, auf die sie schossen, Spaß hatte es trotzdem gemacht.

Benni freute sich auf seine heutige Belohnung, war aber ein wenig angespannt, weil er nicht wusste, wie Schliepenstein auf den verunglückten Brandanschlag der letzten Nacht reagieren würde.

»Darüber mach dir mal keine Sorgen«, wischte Schliepenstein Bennis Bedenken beiseite. »Auf die Verletzung einer ihrer Leute werden die Autonomen entsprechend wütend reagieren. Das kommt uns sehr entgegen.«

Wieso das so sein sollte, wollte Benni nicht wissen. Er war damit beschäftigt, die Hunderter zusammenzurollen, die Schliepenstein ihm in die Hand drückte.

»Der Polack«, sah Benni erstaunt auf das Foto, das Schliepenstein ihm jetzt zeigte. »Was ist mit dem?«

Benni konnte Sascha Koslowski noch nie leiden. Abschätzig nannte er ihn immer den »Polacken«. Sie waren ständige Rivalen um die Vorherrschaft in der Kameradschaft, wobei Koslowski den Vorteil hatte, aus dem Bergischen zu kommen, während Benni in Köln wohnte. Seit einigen Tagen war Koslowski verschwunden. Auch an dem Brandanschlag und den anderen Aktionen der Nacht war er nicht beteiligt.

»Was ist mit dem?«, fragte Benni deshalb noch einmal und konnte ein Grinsen nicht unterdrücken, nachdem Schliepenstein ihm sagte, dass Koslowski Ziel einer Racheaktion der Linken sein würde.

Dann wurde ihm bewusst – Polack hin oder her –, dass es gegen einen der ihren ging. »Woher wollen Sie das wissen?«

Dass Schliepenstein als gerissener Taktierer galt, war ihm schon lange klar. Aber hatte er auch Kontakte in die linke Szene?

Benni wurde misstrauisch. Ihm war bekannt, dass Schliepensteins Tochter gelegentlich ins AJZ ging. Angeblich, um zu spionieren. Aber konnte man das glauben?

Geradeheraus fragte er, wer von den Linken Schliepenstein das gesteckt habe.

»Niemand«, amüsierte Schliepenstein sich über Bennis Gedankengänge. Sie standen ihm auf der blanken Stirn geschrieben.

»Die Linken haben in diesem Spiel noch keine Karte ziehen können. Bisher ist es unser Spiel.«

Unvermittelt wurde er ernst, blickte Benni eindringlich an. Während er das Foto wieder wegsteckte, erklärte er seinem staunenden Gegenüber, dass Sascha Koslowski sich von den Rechten abgewandt hatte.

»Er hat Kontakt zu ›Exit‹ aufgenommen«, fasste Schliepenstein Benni an die Schulter. »Er will aussteigen, will untertauchen und unsere ganze Connection auffliegen lassen. Das können und dürfen wir nicht zulassen!«

Heftig schüttelte Schliepenstein Benni, der starr vor Schreck stand.

Was das bedeuten würde, konnte er sich gut ausmalen. Hatte doch erst vor Kurzem die Polizei den Freundeskreis

Rade auseinandergenommen und drei Kameraden wegen Bildung einer kriminellen Vereinigung eingebuchtet. Hier würde es schlimmer werden. Der Polack wusste bestimmt, dass er den Brandanschlag auf das AJZ angeführt hatte. Wenn der reden würde, wäre er dran, womöglich wegen Mordes.

Benni schüttelte Schliepensteins Hand ab.

Seine Stimme überschlug sich. »Ihre Tochter war auch dabei. Hat sogar die Mollis geworfen.«

»Was?«, schrie Schliepenstein. »Ich hatte gesagt, dass ich sie nicht bei euren Aktionen dabeihaben will.«

Benni tat unschuldig. »Sie wissen doch, dass sie ihren eigenen Kopf hat.«

Er wurde jetzt ganz ruhig. »Der Polack muss weg«, zischte er.

»Und das wirst du übernehmen«, fasste Schliepenstein Benni erneut an die Schulter. Das sah komisch aus, war der Anwalt doch mindestens anderthalb Köpfe kleiner als sein Handlanger. Zum Lachen war jedoch keinem von beiden zumute.

»Ich weiß es vom Verfassungsschutz, von einem Kameraden, der uns wohlgesonnen ist«, sagte Schliepenstein. »Koslowski hat Kontakt zu dieser Aussteigerorganisation ›Exit‹ aufgenommen. Vermittelt hat es ihm sein V-Mann-Führer. Die Zeit drängt also.«

»Was, V-Mann hat er für die Schlapphüte auch noch gespielt?« Benni war fassungslos. »Das Schwein.«

Schliepenstein sagte nichts. Wortlos hielt er Benni eine Walther P 99 hin.

»Damit?« Ehrfurchtsvoll ergriff Benni die Waffe und wiegte sie bedächtig in der Hand. Die Handhabung war ihm vertraut. Erst letztens hatten sie genau damit ihre

Schießübungen veranstaltet.

»Das ist Kochers Knarre«, stellte er fest. Eine Bestätigung erhielt er nicht.

Schliepenstein nahm ihm die Pistole wieder ab und ließ sie in seine Manteltasche gleiten.

»Höre jetzt gut zu«, sagte er eindringlich: »Koslowski wird heute Abend bis gegen 23:00 Uhr in der Kneipe im Bahnhof Solingen-Schaberg sein. Er will dort jemanden treffen, der aber nicht kommen wird. Du wirst auch dort sein, dich aber draußen versteckt halten. Auf diesem Handy hier erhältst du einen Anruf. Man wird dir sagen, wo du die Pistole finden wirst. Sie wird auf dem Bahnhofsgelände versteckt sein. Wenn Koslowski aus dem Lokal rauskommt, sprichst du ihn an und sagst, du hättest eine wichtige Mitteilung für ihn, er solle bitte ein Stück mitgehen, damit man euch nicht sieht. Ihr geht ein Stück in Richtung Wald. Dort setzt du ihm einen Kopfschuss. Möglichst mit nur einem Schuss.«

Benni räusperte sich nervös; aber Schliepenstein sprach schon weiter: »Das darf auf gar keinen Fall schiefgehen, sonst sind wir alle dran, also vermassle es nicht.«

»Ne, klar«, stammelte Benni. Ihm wurde ein wenig flau und er sehnte sich nach einem Kölsch.

»Anschließend legst du die Pistole wieder dorthin, wo du sie gefunden hast«, war Schliepenstein noch nicht fertig. »Auf dem Handy hier ist nur eine einzige Nummer gespeichert. Du rufst an und meldest Vollzug. Dann nimmst du die Karte aus dem Handy und schmeißt es anschließend in die Wupper. Alles klar?«

»Alles klar«, starrte Benni das Handy an, als ob es ein Geheimnis beinhaltete.

Schliepenstein wandte sich ohne Gruß seinem Wagen zu,

drehte sich dann noch einmal um und sagte: »Sieh zu, dass dich niemand sieht, und lass dich die nächsten Tage nicht mehr in Wermelskirchen blicken.« Dabei schaute er Benni missbilligend von oben bis unten an und stieg endlich ein.

Ihm war klar, dass er mit Benni ein Risiko einging. Seine Erscheinung hatte einen hohen Wiedererkennungswert. Sollte er bei der Tatausführung von Unbeteiligten gesehen werden, wäre das fatal. Andererseits erschien es Schliepenstein unwahrscheinlich, dass sich um diese Uhrzeit noch Passanten am Schaberg herumtreiben würden. Das Risiko musste er einfach hinnehmen, und außerdem kannte er keinen anderen Idioten, der diesen Auftrag ohne Widerspruch angenommen hätte.

Benni schaute Schliepensteins sich entfernendem Daimler verwirrt hinterher.

Seine Verwirrung hielt lange an. Gerne hätte er mit jemandem darüber gesprochen; aber ihm fiel niemand ein, dem er sich hätte anvertrauen können. In der Kameradschaft hatte er zwar jede Menge Kumpels, einen richtigen Freund jedoch nicht. Einige Frauen gab es auch. Mit denen würde er nie über so etwas sprechen. Die machten sich ständig über ihn lustig, weil er angeblich so unbeholfen war.

»Scheißegal, ich darf sowieso mit niemandem darüber sprechen«, sagte er sich. Was für ein Kerl er ist, das wird er ihnen nun zeigen. Seinen Mut und Einsatz für die Bewegung werden sie bewundern.

Dann fiel ihm wieder ein, dass Schliepenstein ihm eingeschärft hatte, nie ein Wort über das Treffen zu verlieren, schon gar nicht über diesen Einsatz am heutigen Abend. Auch egal. Schließlich wird durch diese Aktion seine

Verbindung zu Schliepenstein und damit zur Partei gefestigt. Wer weiß, was noch daraus werden kann. Und die versprochenen tausend Euro sind doch auch ein schöner Batzen Geld.

Benni machte sich auf den Rückweg. Er würde dieses Mal zu Fuß über die Hohenzollernbrücke gehen. Auf der anderen Rheinseite warteten sicher ein paar Kölsch auf ihn. Die bösen Blicke, mit denen Schliepenstein ihn gemustert hatte, verstand er nicht. Was war an seinen Klamotten denn auszusetzen? Flagge zeigen war doch gerade jetzt angesagt. Ist doch gut, wenn all die ängstlichen Lackaffen sehen, dass es wenigstens ein paar aufrechte Deutsche gibt, die sich nicht vor den Muselmanen und den bekloppten Linken verstecken.

»Das ist meine Uniform. Wir marschieren geschlossen und wir verteidigen entschlossen das Vaterland. Heil Hitler!«, schrie er auf der Brücke dem ICE zu, der an ihm vorbeidonnerte, und reckte trotzig die rechte Faust in die Höhe.

—

Am frühen Nachmittag stand immer noch eine Brandwache der Feuerwehr vor dem AJZ – dem ehemaligen AJZ, müsste man sagen. Nach wie vor bestand Gefahr, dass einige Brandnester noch einmal auflodern könnten.

Auf der Fußgängerbrücke, die schwungvoll die B 51 überspannte, stand eine Menge neugieriges Volk. Die meisten von ihnen waren Schüler, die der leichte Nieselregen, der den ganzen Tag über anhalten sollte, nicht abschreckte. Auch einige Autonome befanden sich zwischen den

Gaffern. Stumm blickten sie auf die verkohlte Ruine. Cora kannte einige von ihnen vom Sehen. Gelegentlich hatte auch sie das Bedürfnis verspürt, zu wilden Ska- oder Punkrhythmen die Nacht im AJZ durchzutanzen. Bei einer solchen Gelegenheit hatte sie seinerzeit Julie kennengelernt.

Am Brückengeländer hing ein mit roter Plakatfarbe bemaltes Betttuch, das wohl die Autonomen dort angebracht hatten. »Rache für Julia«, las Cora und drehte sich abrupt um. Sie wusste, dass sie zu nah am Wasser gebaut hatte, konnte aber nichts dagegen tun.

Durch einen Tränenschleier sah sie den Brandsachverständigen Lingemann auf sich zukommen. Verstohlen wischte sie sich die Augen trocken und begrüßte ihn schon wieder lächelnd. Lingemann hatte einen zweiten Mann in seinem Schlepptau und stellte ihn als Jens Bäcker vom Bauamt vor. »Herr Bäcker ist Statiker«, sagte er und schaute auf Bielstein, den er nicht kannte. Nachdem auch dessen Status geklärt war, kam Bäcker gleich zur Sache: »Sie dürfen auf keinen Fall das Haus betreten. Es ist akut einsturzgefährdet. Wenn wir in zwei oder drei Tagen die wackeligen Mauern eingerissen haben, werden wir weitersehen.«

Cora lachte: »Das ist ein Witz. Hier wird nichts eingerissen. Die Ruine ist beschlagnahmt. Wenn wir so nicht rein können, müssen sie sich eben was ausdenken, damit das Gemäuer gestützt wird.«

Bäcker sah sie an, als mache sie ihrerseits einen Witz.

»So ist es«, grinste Lingemann den Statiker an. »Fürs Erste«, wandte er sich an Cora, »kann ich aber schon ein paar Sachen sagen.«

Bielstein starrte auf die verkohlten Balken und Schuttberge und machte Anstalten, darauf zuzugehen. Cora hielt ihn fest.

Lingemann zeigte auf die stehenden Reste einer Fensterumrahmung im ehemals ersten Stockwerk: »Es könnte sein, dass in diesem Bereich der Brand ausgebrochen ist. Das Fenster war nicht geschlossen, als die Flammen loderten.«

»Wie können sie das denn sehen?«, wollte Cora wissen.

»Ich erkenne das an dem Rußaufschlag und der Brandzehrung an den Rahmenresten.«

»Das war Julias Büro«, schaltete sich Bielstein ein, »und sie rauchte.«

»Durch eine Zigarette oder einen Schwelbrand ist dieser gewaltige Brand, der sich so schnell ausgebreitet hatte, sicher nicht entstanden«, meinte der Gutachter.

Bielsteins Gesicht zeigte Erleichterung: »Wodurch sonst?«

Lingemann hob bedauernd die Hände. »Solange wir nicht rein können, bleibt alles Spekulation. Vielleicht können wir wenigstens einen Hund da durchschicken«, sagte er in Richtung des Statikers.

Der schaute ihn an, als ob schon wieder ein Witz gemacht würde. Cora klärte ihn auf: »Wir haben Hunde, die Lösungsmittel erschnüffeln können.«

»Ja, und?«

»Wenn der Hund anschlägt«, übernahm Lingemann wieder, »dann wüssten wir, dass Brandbeschleuniger benutzt wurde, der Brand damit vorsätzlich gelegt wurde.«

»Die Nazis!«, rief Bielstein aufgeregt. »Das waren die verdammten Nazis.«

Die Männer schauten ihn verständnislos an.

Cora versuchte zu übersetzen und erzählte von den rechten Schmierereien in der Stadt, von der Gegenplakatierung der Autonomen und der Demo am Morgen vor dem Haus eines rechten Parteifunktionärs.

»Molotowcocktails vielleicht«, dachte Lingemann laut, »durch die Fensterscheibe geworfen, deshalb stand es danach offen.« Anschließend zog er entschuldigend die Schultern hoch. »Nur so eine Idee, könnte immerhin sein.«

Cora telefonierte mit der Hundestaffel im Ostwestfälischen. Die Spezialhunde waren dort stationiert.

Das Handygespräch beendete sie mit einem »Danke, dann bis morgen«, und damit war auch schon die kleine Zusammenkunft an der Brandruine zu Ende.

Lingemann bot eine Kaffeerunde an, die alle ablehnten.

Bäcker sah nicht so aus, als ob er um diese Tageszeit Kaffee tränke, und Cora und Bieli beschlossen spontan, nach Aachen zu fahren, ins Krankenhaus.

Bielstein heulte hemmungslos, als er seine verkabelte und eingewickelte Tochter unter dem Sauerstoffzelt sah. Außer dem Gesicht lag nicht viel frei, und das sah aus wie eine Maske aus einem Horrorfilm.

Auch Cora konnte ihre Tränen nicht zurückhalten. Voller Wut trat sie gegen einen blechernen Schrank. Sogleich wurden sie von der Krankenschwester aus dem Zimmer komplimentiert. Es war die gleiche, mit der Cora bereits telefoniert hatte.

Sie zeigte sich heute fürsorglich, nahm beide kurz in den Arm und verkündete, dass die Ärzte noch immer nichts Definitives sagen könnten. Sie sollten sich noch ein oder zwei Tage gedulden.

Die Rückfahrt verlief schweigsam. Beide hingen ihren Gedanken nach. Sie kamen nicht gut voran, denn der abendliche Berufsverkehr führte immer wieder zum Stop and Go. Als sie endlich die Autobahn an der Ausfahrt Wermelskirchen verlassen konnten, atmete Cora auf. Kaum befanden sie sich auf der Burger Straße in Richtung Innenstadt, kam es schon wieder zum Stillstand. Der Stau reichte bis zur B 51 hin. Was ihn verursachte, war nicht auszumachen.

Im Rückspiegel sah Cora Blaulichter aufblitzen. Eine Einsatzhundertschaft aus Wuppertal zog an den stehenden Fahrzeugen vorbei, stoppte dann auf der Gegenfahrbahn. Die Uniformierten wappneten sich mit Helmen und Schutzschilden und stürmten los. Die Fahrer blieben bei ihren Einsatzfahrzeugen stehen.

Cora stieg aus, zückte ihren Dienstausweis und fragte einen jungen Beamten, was passiert sei.

»Randale«, sagte der Polizist. Linke Chaoten von den Autonomen hätten die Kreuzung besetzt und die bereits eingesetzten Kollegen aus Wermelskirchen mit Flaschen und Steinen empfangen.

»Denen reißen wir jetzt mal richtig den Arsch auf.« Seine Kampfaussage begleitete der Polizist mit dem Schwung seiner rechten Faust, die er in die offene linke Handfläche klatschen ließ.

Cora enthielt sich jeden Kommentars. Wortlos ging sie zu ihrem Wagen zurück.

»Was 'n los?«, fragte Bielstein.

»Zoff mit den Autonomen oder Antifa«, murmelte sie.

»Die sollten mal lieber die Nazischweine angreifen, anstatt sich mit den Kollegen zu prügeln«, war Bielsteins Antwort.

Cora sagte dazu nichts. Sie kurbelte mit ihrem Peugeot hin und her, bis sie sich aus der Autoschlange lösen konnte. Dann fuhr sie zur Autobahn zurück und jagte den kleinen Wagen bis zur nächsten Ausfahrt. Über Remscheid und Bergisch Born konnte sie dann ohne weitere Probleme nach Wermelskirchen hineinfahren.

Sie setzte Bielstein vor seiner Haustür ab. Sie selbst fuhr noch ins Büro, fertigte einige Berichte, setzte ihren Chef telefonisch in Kenntnis, und danach sank sie bereits am frühen Abend in einen tiefen Schlaf, der allerdings nicht lange anhielt. Noch vor Mitternacht schreckte sie hoch, weil ihr im Traum ein schrecklich verbranntes Gesicht erschien, das sie nicht mehr losließ. An richtigen Schlaf war danach nicht mehr zu denken.

Um diese Zeit lag Bielstein überhaupt noch nicht im Bett. Nachdem Cora ihn an der Haustür abgesetzt hatte – er wohnte im gleichen Haus wie Koslowski –, war er sogleich bis zu dessen Wohnung im Dachgeschoss durchgegangen. Bielstein wollte sich mit ihm zusammen betrinken und schöne alte Zeiten heraufbeschwören. Koslowski öffnete jedoch nicht. Er hatte seine zweite Sonderschicht zu bewältigen.

Gefrustet schlurfte Bielstein wieder runter zu seiner Wohnung, überprüfte den Vorrat an Alkoholika und begann mit dessen Vernichtung.

—

Mit großer Mehrheit und Unterstützung verschiedener Wählergemeinschaften bestätigten die Wermelskirchener ihren Oberbürgermeister bei der Kommunalwahl. Etwas mehr als 60 % der Wählerstimmen erhielt er und konnte so sein Amt fortführen. Das war 2009 gewesen. Aus heutiger Sicht muss man wohl anfügen: obwohl er FDP-Mitglied ist.

Das zeigte Schliepenstein, dass es auf kommunaler Ebene mehr auf die Personen ankam als auf die Partei.

Nicht dass Schliepenstein von solchen Ergebnissen träumte, so sehr war er schon Realist. Mit seiner neuen Partei hoffte er aber immerhin so viele Stimmen bei der Landtagswahl zu bekommen, dass er bei der Vorstellung der Prozentpunkte nicht unter »Sonstige« fiele. Und wenn er Erfolg hätte, könnte er auch hier in Wermelskirchen groß auftrumpfen.

Seine Hoffnung gründete sich auf die große Unzufriedenheit des Wahlvolkes, die auch die »Piratenpartei« hochgeschwemmt hatte. Er war zuversichtlich, mithilfe der Kameradschaften das Klima der Angst so hoch schrauben zu können, dass die Konservativen im Lande sich nach dem starken Mann sehnten, der dem ein Ende setzen könnte. Und das würde er sein.

Bisher hatte es der Bürgermeister immer verstanden, Frank von Schliepenstein auszubremsen. Sie kannten sich zwar nicht persönlich, hatten beide aber auch keinerlei Interesse daran, das zu ändern. Schliepenstein war es sowieso egal, denn politisch war er bis jetzt vor allem in Köln aktiv gewesen, wo er unter anderem gute Kontakte zu Pro NRW unterhielt und deren Aktionen gegen die muslimische Gemeinde unterstützte. Gelegentlich trat er bei deren Veranstaltungen als Gastredner auf oder er veranlasste Benni mit seiner Kameradschaft Bergisch Land, am Rande von Pro-NRW-Demonstrationen als

Krawallmannschaft aufzutreten.

Noch bis vor Kurzem hatte Schliepenstein sich für solche subversiven Aktionen Sascha Koslowskis bedient. Seit er wusste, dass Koslowski ihn hinterging und ihm überdies nachspionierte, hatte er ihn fallen lassen. Koslowski war seitdem untergetaucht.

Schliepenstein organisierte im Hintergrund auch Aufzüge der Kameradschaften, die von seiner Partei unterstützt wurden und bei denen es richtig zur Sache ging. Die Sprüche, die Bennis Gefolgschaft dort skandierte, konnte man nicht mehr als Provokationen abtun. Sie waren eine knallharte Kampfansage an die Linke. »Linkes Gezeter, neun Millimeter« und »Nationaler Sozialismus bis zum Tod – Straßenkampf, Straßenkampf« heizten die Stimmung auf. Die Polizei war nicht in der Lage, die Straßenkämpfe effektiv zu unterbinden. Beobachter konnten sich des Eindrucks nicht erwehren, dass die Polizei dabei auf dem rechten Auge eine ausgesprochene Sehschwäche behinderte. Sie konzentrierte sich vor allem auf die linken Krawallmacher, die es natürlich auch gab. Die Diskrepanz der Festnahmen und Anzeigen gegen Linke und Autonome zu denen der Rechten war allerdings mehr als auffällig und stieß auch bei manchem Politiker auf Missfallen.

Erst vor Kurzem hatte es in Remscheid eine entsprechende Großdemonstration gegeben, bei der Schliepenstein wiederum mit lenkender Hand im Hintergrund tätig gewesen war.

Mit diesen gestreuten Aktionen sollte es vorläufig ein Ende haben. Schliepenstein wollte sich auf Wermelskirchen konzentrieren. Seine Heimatstadt sollte Zentrum seiner künftigen Aktivitäten werden. Hier sollte die Keimzelle seiner neuen Partei entstehen, von hier aus wollte er künftig agieren und hier musste er versuchen, die konservativen Kräfte der Stadt und des Umlandes für sich zu gewinnen. So wollte er die Basis für seinen geplanten Landtagswahlkampf schaffen. Dafür brauchte er eine große Gefolgschaft und die bekam er nur, wenn er sich öffentlich präsentierte. Auf eine positive Unterstützung durch die Medien rechnete er dabei nicht.

Heute Abend wollte er also erstmals in einer offenen Veranstaltung in der Stadt auftreten und damit die konspirativen Hinterzimmergespräche hinter sich lassen.

Allerdings hatte es ein Problem gegeben: Ein angemessener Raum musste gemietet werden.

Schliepenstein wusste, dass die Stadtverwaltung in einer internen Amtsverfügung festgelegt hatte, dass an Schliepenstein oder seine Partei keinerlei öffentlicher Raum oder eine städtische Immobilie vermietet werden dürfe. Den Wirten und Hoteliers der Stadt wurde klargemacht, dass dies auch für ihre Räume gelte, ansonsten könnte das ernsthafte Konsequenzen nach sich ziehen.

Natürlich war allen Beteiligten klar, dass das nicht rechtmäßig war, denn ein Wirt kann vermieten, an wen er will. Manch ein Wirt empfand es gar als unangemessene Drohung. Zum einen, weil die Vermietung von Sälen und die damit verbundene Bewirtung natürlich zu ihren Geschäftsgepflogenheiten gehörten und jeder ungenutzte Raum zu Mindereinnahmen führte, zum anderen aber auch, weil einige ganz offen mit Schliepenstein sympathisierten.

Schliepenstein wusste also, was ihn erwarten würde, und hatte daher vorgesorgt.

Als Rechtsanwalt, spezialisiert auf Steuerrecht, war er Mitglied der Sozietät Dr. Wallmer und Partner. Die Partner wurden im Logo der Kanzlei namentlich nicht aufgeführt. Das wäre zu umfangreich gewesen, denn immerhin hatte der Senior Dr. Wallmer sich im Laufe der Jahre mehr als zehn Partner zugelegt. Hinzu kamen zwei Sekretärinnen, die Vollzeit arbeiteten, und eine Empfangsdame, die nur vormittags anwesend war. Das war gemessen an der Kleinstadt Wermelskirchen eigentlich eine überdimensionierte Kanzlei, doch es rechnete sich. Alle Partner deckten ein Spezialgebiet ab, alle bearbeiteten nebenher auch Strafrechtsfälle, doch ein richtiger Strafrechtsexperte fehlte ihnen noch.

Das änderte sich, als vor einigen Monaten der Wuppertaler Richter von Schuchnitz bei seinem alten Studienkollegen Wallmer anfragte, ob er nicht eine exzellente Strafrechtlerin anstellen wolle. Damit meinte von Schuchnitz niemand anderes als seine eigene Tochter. Patrizia von Schuchnitz war nach einem glänzenden Examen angehende Kapitalstaatsanwältin in Wuppertal gewesen, hatte sich aber während einer Hospitation bei der dortigen Mordkommission im wahrsten Sinne des Wortes ins Abseits geschossen.[1] Ihr war nichts anderes übrig geblieben, als zu kündigen. Glücklicherweise verschaffte ihr alter Professor ihr an der Uni Bochum einen Assistentenvertrag. Nach drei Semestern, in denen sie angehenden Juristen die Grundzüge des Straf- und Prozessrechts beizubringen versuchte, war sie froh, in einer Kanzlei unterzukommen. Wermelskirchen zählte zwar nicht zu ihrer ersten Wahl, sie nahm aber dankend die Unterstützung ihres Vaters an.

---

[1] Siehe Jürgen Kasten »Grüße aus dem Jenseits«, Bergischer Verlag 2012

Pat, so nannten sie ihre Freunde, glaubte nicht so recht an ausgefüllte Arbeitstage in dieser ländlichen Umgebung und nahm sich deshalb vor, ihre an der Uni begonnene Doktorarbeit fortzusetzen.

Die Kollegen kannte sie inzwischen alle namentlich, wie auch deren Sachgebiete, wusste sonst aber nicht viel über sie. Sympathisch waren ihr die meisten. Außer zu Irene, der quirligen Empfangsdame, die sich selber ironisch so bezeichnete, obwohl sie als knapp 30-jährige Punkmutti durchgehen konnte, pflegte Pat keinen näheren Kontakt zu den Kollegen.

Bei aller vorsichtigen Sympathie für die anderen Kanzlei-mitarbeiter – Pat war die einzige Frau unter den Anwalts-kollegen – versuchte sie, Frank von Schliepenstein aus dem Weg zu gehen. Nicht, dass er ihr irgendetwas getan hätte; aber rein gefühlsmäßig konnte sie ihn nicht leiden, ohne das näher erklären zu können. In ihren Augen war er arrogant und gleichzeitig schleimend anbiedernd. Das gefiel ihr ganz und gar nicht. Über seine beruflichen Fä-higkeiten konnte sie kein Urteil abgeben, nahm aber wahr, dass viele einflussreiche Geschäftsleute zu seinen Man-danten zählten.

Pat hatte den Eindruck, dass auch sie nicht gerade zu Schliepensteins Lieblingskollegen gehörte. Um so mehr hatte es sie erstaunt, als er vor einigen Wochen an ihrer Bürotür klopfte, die Tür mit den Ellenbogen aufdrückte, weil er zwei Tassen Kaffee in den Händen balancierte, dann die Tür mit einem Kick seines Fußes wieder schloss, sich in den Besucherstuhl vor ihren Schreibtisch setzte, lächelte und sagte: »Schwarz ohne Zucker war doch rich-tig?« Pat konnte nur mit einem fragenden Hochziehen ihrer Brauen bestätigend nicken.

»Wir haben uns noch gar nicht näher kennengelernt«, begann er sogleich. »Ich bin hier für Steuerrecht zuständig und vertrete in diesem Zusammenhang einige Geschäftsleute und auch Gastronomen, für die ich so manches Verfahren gegen die städtische Verwaltung gewonnen habe.« Das wusste Pat, nicht aber, was er eigentlich von ihr wollte. Dass er irgendein Anliegen hatte, war offensichtlich. Sie nickte und schaute ihn weiter fragend an.

Dass Schliepenstein politisch aktiv war, gar dem äußersten rechten Spektrum angehörte, hatte ihr niemand gesagt. Seinen Mandanten, denen sie gelegentlich in der Kanzlei begegnete, war es nicht anzusehen. Selbst Irene hatte es nie erwähnt. So war Pat völlig unvoreingenommen, als er ihr nun eröffnete, dass er Schwierigkeiten hätte, im Ort einen Raum zu mieten, um, wie er es ausdrückte »ab und an für interessierte Bürger einen Rechtsvortrag zu halten.«

Er fände immer ein Publikum, das diesen Service gerne annehme, und habe nun wieder vor, mal über die Gewerbesteuer zu referieren und ein wenig über staatsbürgerliche Pflichten.

Pat fand dieses Engagement nicht üblich und sagte es ihm auch. Schliepenstein lächelte, nippte an seinem Kaffee und beugte sich vor, um eine vertrauliche Nähe herzustellen.

»Ich fände es schön, wenn Sie vor meinem Vortrag ein kleines allgemein verständliches Referat über ›Die Zulässigkeit und Wirksamkeit der Einwilligung von Minderjährigen in Körperverletzungen‹ halten würden. Wie ich hörte, beschäftigen Sie sich in Ihrer Dissertation mit genau diesem Thema«, schmeichelte er ihr.

Pat zeigte sich überrascht und erfreut. Ihre unbewusste,

nicht begründbare Antipathie gegen Schliepenstein löste sich plötzlich in Luft auf und er brauchte nicht mehr viel zu erklären, warum er sich nicht selber um einen entsprechenden Raum bemühen konnte.

Pat mietete unter ihrem Namen den großen Saal im Bergischen Haus an, das Schliepenstein ihr benannt hatte.

—

Pats erster öffentlicher Auftritt. Nun gut, als Referendarin und später als Staatsanwältin saß sie schon öfter auf der Bank der Anklage, vertrat diese und hielt Plädoyers. Das Reden war ihr nicht fremd. Das hier aber war etwas ganz anderes. Hier saßen Leute, die ihr ganz persönlich zuhören wollten und begierig darauf warteten, was sie zu erzählen hätte. So dachte sie. Ihr Thema würde doch einige Frauen beziehungsweise Eltern interessieren, glaubte sie. Schließlich sollte es in ihrem kleinen Vortrag darum gehen, ob Jugendliche rechtswirksam eigenständig in eine Körperverletzung einwilligen dürfen, etwa um sich ein Piercing stechen zu lassen.

Im Saal saßen aber nur wenige Frauen, eigentlich nur vier, die Jugendliche vorne an der Tür nicht mitgerechnet. Sie trug ein schwarzes T-Shirt mit der weißen Aufschrift »Frei, sozial und national« und schien zu drei anderen Typen zu gehören, die jeden neu ankommenden Gast misstrauisch beäugten.

Irritiert stand Pat an dem Rednerpult und schaute über die Versammlung überwiegend älterer Herren, die sich angeregt unterhielten und sie gar nicht beachteten.

Schliepenstein trat lächelnd an das Mikrofon, wurde frenetisch begrüßt, winkte lässig ab und stellte Pat vor.

Während ihres Vortrages nahm das Gemurmel im Saal nicht ab und Pat drehte sich hilfesuchend zu Schliepenstein um, der durch sie hindurch blickte. Nach nicht einmal fünf Minuten würgte er Pat mitten im Satz ab, bedankte sich für ihre interessanten Ausführungen und bat sie, Platz zu nehmen.

Pat zögerte, setzte sich dann doch in die erste Reihe neben einem Mann, der den Eindruck eines Pressevertreters machte. »Was ist das hier eigentlich für eine Veranstaltung?«, wollte sie flüsternd wissen. Sie war verunsichert und wusste nicht, wie sie sich verhalten sollte.

Thorsten Schrader vom Generalanzeiger blickte sie mitleidig an. »Du dummes Huhn bist wahrscheinlich die Einzige, die das nicht schnallt«, sagte sein Blick. Aus seinem Mund kam aber nur der lapidare Satz: »Das hören Sie jetzt gleich.«

Schon bei ihrer ersten Begegnung in der Kanzlei hatte Frank von Schliepenstein das untrügliche Gefühl, dass die Neue nie seine Freundin werden würde. Es machte ihm deshalb gar nichts aus, sie jetzt wie ein Kaninchen in der Falle sitzen zu sehen, auch wenn sie ihn böse anblickte. Auf solche Mimosen konnte er keine Rücksicht nehmen. Er stand unter Zeitdruck. In wenigen Wochen stünden die vorgezogenen Landtagswahlen an und seine neue Partei war noch nicht einmal gegründet. Er musste jetzt Gas geben. Viele Sympathisanten wusste er schon hinter sich. Was er nun brauchte, war das bürgerlich-konservative Lager. Es stand zu befürchten, dass die Sozis zusammen mit den verhassten Grünen die nächste Regierung stellen würden. An diese wahnsinnigen Piraten, die laut Umfragen auch über fünf Prozentpunkte kommen würden, wollte er gar nicht erst denken.

Mit Genugtuung stellte er fest, dass fast zweihundert Personen seiner Einladung gefolgt waren. Bennis Kameraden hatten noch in der letzten Nacht die Briefkästen der Stadt mit seinen Flyern bestückt.

Überhaupt die letzte Nacht. Sie bereitete ihm keinerlei Kopfschmerzen. Der Brandanschlag war gelungen, die Polizei deshalb quasi ausgeschaltet, weil sie alle Kräfte auf den Brandort konzentrieren musste. Bennis Leute hatten keine Schwierigkeiten gehabt, völlig unbeobachtet die Flyer zu verteilen und auch noch die Hetzparolen und die gefälschten linken Sprüche an die Wände zu sprühen.

Nun ja, es hatte eine Verletzte gegeben. »Kollateralschaden«, hatte er Benni beruhigt, als dieser es ihm nach dem Anschlag erzählte. Bisher war keinerlei Hinweis auf die Personalie dieser Person in die Öffentlichkeit gedrungen. Von seinem Freund Kocher wusste er aber, dass es die Tochter eines Polizeibeamten war. Mehr als irgendein verletzter linker Zausel störte ihn, dass seine Tochter Melanie gegen seinen Willen mitgewirkt hatte.

Was soll's. Er wollte ja Unruhe stiften und Ängste schüren. Das war gelungen. Der volle Saal hier bewies ja, dass die Bürger darauf warteten, dass ihnen jemand sagte, wie man mit harter Hand Recht und Ordnung wiederherstellt. Dabei war sein geplantes Szenarium noch gar nicht abgeschlossen.

Schliepenstein lächelte zufrieden. Er fing Kochers Blick auf. Mit verschränkten Armen saß er ebenfalls in der ersten Reihe und nickte ihm aufmunternd zu. Schliepenstein sah noch einige andere Polizisten im Parkett. Ihre Namen wusste er nicht, kannte sie nur vom Sehen. Ihm war aber jeder recht. In den hinteren Reihen glaubte er, auch jemanden vom polizeilichen Staatsschutz zu erkennen. Ob der privat hier war oder mit dienstlichem Auftrag, spielte keine Rolle. Schliepenstein hatte nichts zu verbergen.

»Meine Damen und Herren«, begann er, »die meisten von ihnen kennen mich. Aus meiner Gesinnung habe ich nie einen Hehl gemacht. Deshalb gehe ich auch gleich in medias res. Meine politische Ausrichtung ist und bleibt national. Das heißt, ich bin überzeugter Deutscher und als solcher für ein starkes Deutschland. Ich will damit aber nicht sagen, dass unser Land sich innerhalb der Völkergemeinschaft isolieren sollte. Unser Verbleiben in der Europäischen Union ist für mich kein Widerspruch zu den nationalen Zielen, die ich verfolge. Die Union kann durchaus sinnvoll sein, wenn darin ein starkes Deutschland die Führung übernimmt und gleichzeitig der Staatenverbund abgespeckt wird. Wenn wir in der Welt bestehen wollen, brauchen wir ein starkes Mitteleuropa. Ich betone: ›Mitteleuropa‹. Staaten, in denen der Islam herrscht, gehören nicht dazu. So wenig, wie der Islam zu Deutschland gehört, auch wenn unser unglückseliger Ex-Bundespräsident dieser Meinung ist.«

»Holla, mit diesem eingeschränkten Bekenntnis zur EU weicht er ja schon ganz schön von seiner bisherigen Parteilinie ab«, flüsterte Schrader seiner Nachbarin zu.
Schliepenstein schaute den Reporter missbilligend an, ließ sich in seinem Redefluss aber nicht unterbrechen.
»Auch unsere noch von der CDU und FDP geführte Landesregierung fährt in dieser Hinsicht einen Schmusekurs. Viel zu viel wird von Integration geredet. Multikulti ist ein

schickes Modewort geworden. Vor allem Linke benutzen es gerne. Angeblich demonstrieren sie damit ihre Weltoffenheit. Wer aber spricht davon, dass in unseren Schulen wieder anständiges Deutsch gelehrt wird? Überall höre ich nur dieses arabisch-türkische Kauderwelsch. Unsere Jugend braucht eine straffe Hand.

Liebe Freunde, Integration ist Völkermord. Ausländer sind aus dem deutschen Sozialversicherungswesen auszugliedern. Das Grundrecht auf Asyl gehört gestrichen. Deutschland den Deutschen. Das trifft vor allem auf unsere Schulen zu. Ich lehne eine gemeinsame Unterrichtung deutscher und ausländischer Schüler ab. Die Ausländer senken nur das Unterrichtsniveau unserer Kinder.«

»Jawoll!«, bestätigte laut ein Zuhörer.

»Was hat es mit dem Gerücht um die Erhöhung der Gewerbesteuer auf sich?«, rief jemand anderes in den Saal. Er war wohl tatsächlich wegen des angekündigten Steuerreferats gekommen. Schliepenstein kam etwas aus dem Takt und warf einen Satz ein, der an anderer Stelle kommen sollte.

»Unsere deutsche Wirtschaft muss für unser Volksvermögen arbeiten, anstatt dass wir unser sauer verdientes Geld an obskure Pleitestaaten verschenken.«

Pat wurde es immer unangenehmer. Sie versank fast in ihrem Sitz; aber aufstehen und gehen wollte sie jetzt auch nicht. Das traute sie sich nicht.

Schliepenstein vernahm immer öfter zustimmendes Gemurmel, einige klatschten sogar. Er war inzwischen bei seinem Lieblingsthema »Recht und Ordnung« angelangt und sprach davon, dass Deutschland sich in einem

Vorbürgerkrieg befinde, der dem Land durch die multikulturelle Gesellschaft aufgezwungen wurde.

Von mafiösen Strukturen redete er, organisierter und Ausländerkriminalität, die mit allem Nachdruck zerschlagen werden müsse. Über die Wiedereinführung der Todesstrafe müsse deshalb ein Volksentscheid herbeigeführt werden, und die Polizei müsse natürlich gestärkt werden, um den gesetzestreuen deutschen Bürgern zur Seite zu stehen.

Schließlich stellte er noch eine Forderung auf, von der er wusste, dass sie inzwischen auch von anderen Politikern, wenn auch aus anderen Motiven, unterstützt wurde: Der Verfassungsschutz müsse abgeschafft werden, denn er diene im Wesentlichen der Diffamierung unerwünschter politischer Konkurrenz.

»Ha ha«, murmelte Schrader, und Pat schreckte hoch. In den letzten Minuten hatte sie abgeschaltet, hörte jetzt aber wieder konzentriert zu, denn Schliepenstein sprach über die Ereignisse des letzten Tages.

»Meine Damen und Herren, in unserem beschaulichen Städtchen sind die Auswüchse verfehlter Jugendpolitik gerade anschaulich zu beobachten. Linke Chaoten kleben mit ihren Hetzsprüchen die Stadt zu. Angeblich wurden sie von Rechten provoziert. Doch wo sind diese Rechten? Ich sehe keine.«

»Da hinten stehen sie doch«, murmelte Schrader wieder. Dieses mal hatte es Schliepenstein gehört. Er hob seine Stimme:

»Ich sehe nur überall vermummte Gestalten, die sich Autonome nennen und rechtschaffene Bürger, mich zum Beispiel, denunzieren und bedrohen. So etwas dürfen wir uns nicht gefallen lassen. So etwas will ich mir nicht gefallen lassen.

Liebe Freunde, es geht das Gerücht um, wir, die Rechten, hätten das AJZ, diese linke Lasterhöhle, angezündet. Das ist pure Demagogie. Vielleicht fragt man sich mal an verantwortlicher Stelle, was wirklich hinter dem Brand steckt. Ist es nicht so, dass dieser vorgebliche Jugendverein kurz vor der Insolvenz steht? Und die Spatzen pfeifen doch von allen Dächern, dass ein interessierter Investor gerne das Grundstück erwerben würde. Steckt hinter dem Ganzen nicht etwas ganz anderes als die kolportierte rechte Gewalt?

Wenn von Gewalt die Rede ist, wird das seit Neuestem immer mit den Rechten in Verbindung gebracht. So versucht man natürlich auch, uns das schreckliche Brandunglück in die Schuhe zu schieben, doch …«

»Das war kein Unglück, sondern ein hinterhältiger Anschlag«, rief jemand von hinten.

»Na ja«, erwiderte Schliepenstein locker, »unsere ausgezeichnete Polizei wird das schon richtig untersuchen und einzuordnen wissen.

Trotzdem bleibt es dabei: Ich, ein Rechtsanwalt und anständiger Bürger dieser Stadt, werde dieser Tat beschuldigt. Sogar Morddrohungen habe ich erhalten. Zum Beispiel diese: ›Dafür wirst du dreckiges Nazischwein hängen.‹«

Den Satz las er von einem Zettel ab.

»Stand als Leserkommentar bei uns in rga-online«, erklärte Schrader seiner Nachbarin.

»Liebe Freunde, ich komme zum Schluss und damit zum wichtigsten Teil dieses Abends.

Ich nehme wahr, dass die Deutschnationale Partei, deren Mitglied ich noch bin, in Verruf geraten ist. Sie wird in die Nähe der thüringischen Mörderbande gerückt, deren terroristische Gewalt von mir und meinen Freunden abgelehnt wird.

Ich muss auch zugeben, dass die Parolen der DNP teilweise menschenverachtend sind. Dafür schäme ich mich.

Ich – und dabei schließe ich auch meine Freunde ein – bin kein gewaltbereiter Nazi. Ich bin nicht ›der‹ Rechte; aber ich bin ein Nationaler, ein Konservativer, dazu stehe ich.

Was wir jetzt brauchen, meine lieben Freunde, ist eine wertbeständige und konservative Partei, eine Partei, die alle rechtschaffenen und braven Bürger vereint, die unsere heimische Wirtschaft stützt, die unsere Polizei stärkt und das linke Pack in seine Schranken verweist.

Es gibt in diesem Lande keine ehrlichen konservativen Politiker mehr. Die CDU driftet immer mehr nach links und die DNP wird mir zu radikal.

Meine Damen und Herren, hiermit erkläre ich öffentlich meinen Austritt aus der DNP. Meine Parteiämter lege ich ab sofort nieder.«

Schliepenstein legte eine lange Kunstpause ein. Er genoss die gespannte Ruhe, bevor er mit ausgebreiteten Armen ins Publikum rief: »Meine Damen und Herren, bei der kommenden Landtagswahl werden wir mit einer neuen starken Partei gegen alle Vaterlandsverräter antreten.

Liebe Freunde, ich rufe Sie auf, in den nächsten Tagen an der Gründungsversammlung teilzunehmen. Unsere Partei soll VdDN heißen, Vereinigung der Deutsch-Nationalen, und der erste vorläufige Vorsitzende werde ich sein.«

Als Applaus aufbrandete, reckte und streckte Schliepenstein sich noch mehr, als wolle er den ganzen Saal umarmen.

»Mein Gott, wo bin ich nur hineingeraten?«, stöhnte Pat. »Wenn Sie mich zum Bier einladen, erkläre ich es Ihnen gerne«, lächelte Schrader, schaute dabei aber auf seinen Notizblock, auf dem er eine Strichliste angelegt hatte.
»Über fünfundzwanzigmal ›ich‹. Die vielen ›uns‹ und ›wir‹ habe ich gar nicht erst mitgerechnet«, wandte er sich nun Pat zu. »Der Mann gibt sich ganz schön selbstverliebt.«
Pat schüttelte nur den Kopf. »Kommen Sie«, zog sie ihn aus dem Saal und prallte draußen erschrocken zurück.
»Da sind sie ja schon wieder«, zückte Schrader seine Kamera. Während er ein paar Fotos schoss, erzählte er Pat kurz von der gewaltsamen Demo am Nachmittag.
Die schwarz vermummten Gestalten, die sich hier vor dem »Deutschen Haus« im stillen Protest versammelt hatten, zählten an die hundert. Es waren deutlich weniger als bei der Chaos-Demo vor einigen Stunden. Diesmal ging von ihnen keinerlei Aggression aus. Sie bildeten nur eine schweigende Mauer und hielten Pappschilder in die Höhe.
»Julia, wir werden dich rächen!«, stand auf einigen, auf den meisten jedoch »Nazis klatschen« und Ähnliches. Bedrohlich und irgendwie unheimlich wirkte das Ganze. Es beeindruckte auch die Polizei. Von dieser erneuten Aktion der Antifa wurde sie offensichtlich überrascht. Nur ein einsamer Streifenwagen stand etwas abseits. Die beiden Beamten blieben vorsichtshalber im Wagen sitzen, sprachen aber andauernd in ihre Funkgeräte.

Schliepensteins Saalschutz fühlte sich auch hoffnungslos unterlegen. Nur kurz lugten sie durch den Türspalt und bugsierten Schliepenstein dann durch die Hintertür hinaus.

Die Vorstellung dauerte nicht mehr lange. Nachdem Polizeisirenen zu hören waren, zerstreuten sich die Demonstranten und gingen friedlich in verschiedene Richtungen auseinander.

Irgendjemand drückte Pat einen Zettel in die Hand. Für morgen Abend war darauf ein Solidaritätskonzert für Julia und das abgebrannte AJZ angekündigt, zu dem alle Bürger der Stadt eingeladen wurden.

Die zweite Nacht

Der gestrige Tag erschien Stephan Koslowski wie der reinste Horror. Als er endlich im Bett lag, ging die Uhr bereits auf 02:00 Uhr zu. Schlaflos wälzte er sich umher. Irgendwann übermannte ihn der Schlaf. Die verteufelte Müngstener Brücke zog sich durch seine Träume. Albträume waren das. Einmal bäumte sich die Brücke vor ihm auf, schüttelte seinen Zug hin und her, bis er sich nicht mehr auf den Schienen halten konnte. Lautlos stürzte er in die Tiefe, fiel und fiel und fiel. Es wollte kein Ende nehmen. Schreie der Passagiere durchbrachen die Stille. Koslowski riss die Augen auf und schaute verstört umher. Mit pochendem Herzen schluckte er den nächsten Schrei hinunter.

Blinzelnd wanderte sein Blick durch das Schlafzimmer. Tageslicht ließ die dunklen Möbel matt glänzen. Seit dreißig Jahren glänzten sie so, seit er mit seiner Frau die geräumige Dachwohnung in dem denkmalgeschützten Haus in der Oberen Remscheider Straße bezogen hatte. Damals noch ohne Anhang. Sascha kam erst einige Jahre später zur Welt.

In den Achtzigerjahren waren dunkle Farben in Mode. Braunfarben die Möbel, braun auch der Teppichboden. An den Wänden gemusterte Tapeten, beige- bis elfenbeinfarben mit braunen Kringeln. Marx und Engels hingen als Poster in der Diele. Sie war als einziger Raum mit weißer Raufaser beklebt. Später wurde sie dunkelrot überstrichen. Das fensterlose Badezimmer war und blieb eine düstere Zelle. Die dunklen Fliesen saugten das Licht auf.

Nach Saschas Geburt änderte sich das etwas. Erst recht,

nachdem die Bielsteins ins Haus zogen. Über die Kinder kamen sich die Familien näher. Die kleine Julia spielte oft oben bei Koslowskis. Die Mütter freundeten sich an, fuhren öfter gemeinsam zu diesem neuen schwedischen Möbelhaus. Helle Kiefernmöbel waren nun angesagt. Nach den Wünschen seiner Frau richteten sich Koslowskis neu ein. Alles hellte sich auf, wechselte zu freundlicheren Farben, bis schließlich alle Zimmer in Weiß erstrahlten. Nur das Schlafzimmer blieb unberührt – erst recht nach dem Tode seiner Frau. Koslowski wollte alles so belassen, wie es war. Er lebte in der Vergangenheit. Zu Veränderungen fühlte er sich nicht mehr in der Lage.

Seufzend ließ er sich in die Kissen zurückfallen. 08:00 Uhr zeigte der Wecker auf seinem Nachttisch, doch er war zu erschlagen, um jetzt aufzustehen und den gewohnten Gang die Straße hinunter zu gehen. Sein Stammcafé würde auch nachher noch ein Frühstück für ihn bereithalten. Er schloss die Augen wieder und fiel augenblicklich in einen tiefen, traumlosen Schlaf. Erst gegen Mittag wachte er auf und blinzelte gegen die Sonne, die den aufziehenden Regenwolken noch nicht weichen wollte. Mit Mühe öffnete Koslowski die Augen ganz, sah eine dicke fette Fliege durchs Zimmer torkeln. Ihr aufgeregtes Brummen klang erst jetzt an sein Ohr, als ob dieses bisher mit einem Pfropfen verstopft gewesen wäre. Seine müden Augen vermochten diesem Auf und Ab und Hin und Her nicht zu folgen. Das Brummen bereitete ihm Kopfschmerzen. Koslowski stemmte sich hoch, und nachdem er den Brummer endlich erledigt hatte, blieb von ihm nichts weiter als ein schmieriger Fleck auf der Tapete. Angeekelt wandte er sich ab und wankte ins Bad.

Nach einem langen kalten Duschbad machte er sich auf zum Café Wild. Unterwegs nickte er zustimmend den Aufklebern zu, die an Straßenschildern und der Baustellenabsicherung unten an der Kreuzung pappten. »Nazis klatschen«, stand auf ihnen. Mit solch einer Forderung war er durchaus einverstanden, wenn er auch für sich selbst dergleichen Aktivitäten ausschloss. Dafür fühlte er sich zu alt – sollten das Jüngere übernehmen.

Im Café lief im Hintergrund Radio Bergisch Land. Mit halbem Ohr nahm er einen Bericht über den nächtlichen Brand in Wermelskirchen wahr. Ein Kommentator sprach von rechter und linker Gewalt, die sich ausbreitete, und einer Polizei, die sich nicht äußern wollte. Das Gehörte perlte vor Koslowskis Denkzentrum ab; es nahm die Information nicht auf. Alle seine Sinne konzentrierten sich auf die kommende Sonderschicht, seine letzte, die er mit der Spätschicht und mit Magendrücken begann. Wenn er heute noch einmal diese Sonderschicht führe und am Abend dann die letzte Fahrt mit der RB 47 hinter sich hätte, würde er diesen Zug nie mehr betreten. Das schwor er sich. Egal, welche Konsequenzen dies nach sich zöge.

Von Fahrt zu Fahrt verschlimmerten sich seine Magenschmerzen. Dass nun die allerletzte des Tages bevorstand, beruhigte ihn kaum. Gegenüber seinem Zugbegleiter, der ihm heute zugeteilt worden war, versuchte er, sich nichts anmerken zu lassen. Es kostete ihn einige Kraft, die seine Nerven kaum ertrugen.

Unter der Woche stiegen um diese späte Uhrzeit nicht mehr viele Passagiere zu. In Elberfeld und Barmen immerhin noch einige mit Plastiktüten beladene Gestalten, die nach ihrem abendlichen Einkauf wahrscheinlich noch die eine oder andere Gaststätte besucht hatten. Wenige stiegen in Ronsdorf aus, die meisten verließen den Zug am Remscheider Hauptbahnhof. Die letzten vier Fahrgäste stiegen in Remscheid-Güldenwerth aus der Regionalbahn.

Den ganzen Nachmittag und Abend über nieselte es aus grauen Wolken. In Intervallen quietschend schoben die Wischerblätter der Lok den schmutzigen Schlier zur Seite.

Der große Zeiger der Bahnhofsuhr rückte eine Position weiter – 23:45 Uhr. Es ließ sich nicht umgehen. Zum allerletzten Mal musste Koslowski nun die Müngstener Brücke passieren. Seine Sonderschicht für den erkrankten Kollegen würde dann endgültig beendet sein und er sich die Brücke künftig nur noch von unten betrachten, wenn er im Brückenpark seinen sonntäglichen Kaffee genießen würde.

Koslowskis Hände glitten nervös über das Schaltpult vor ihm. Seine Nerven waren angespannt. Den ersten Pfiff seines Zugbegleiters überhörte er. Erst der zweite drang bis zu ihm durch. Langsam setzte er die Bahn wieder in Bewegung. Sein unruhiger Blick nahm erstaunt das nasse Glitzern des schwarzen Schotters wahr, der in den Containern neben den Gleisen lagerte. »Wie glänzende Kohle, schwarzes Gold«, formulierten sich seine Gedanken wie von selbst. Koslowski nahm jede Ablenkung dankbar an. Nur nicht nach vorne denken.

Als sich die Tür seines Führerstandes öffnete, erschrak er. Es war nur der Zugbegleiter. »Wir sind alleine. Die Letzten sind raus. Ich geh' jetzt nach hinten«, sagte er und verschwand wieder.

Koslowski war es recht. Sollte er dort ruhig seine Zigarette rauchen. Der letzte Waggon stank sowieso immer verqualmt.

Gut, dass außer ihnen niemand mehr an Bord war. So hatte er auch für niemanden Verantwortung zu tragen.

Die letzten schemenhaften Reste Remscheids zogen an der Bahn vorbei. Die Brücke kündigte sich an. Koslowski spürte es am Vibrieren unter seinen Füßen.

Darauf hatte er nur gewartet, der große schwarze Ball in seinem Magen. Schmerzhaft weitete er sich aus. Gleich würde er aufsteigen und ihm die Luft abwürgen. Seine Hände begannen zu zittern. Koslowski atmete schneller, heftiger, schnappte hektisch nach Luft. Der Sauerstoff schien ihm die Lunge zu zerreißen. Die Panikattacke hatte ihn voll im Griff. Er schloss die Augen und wusste plötzlich nicht mehr, wo sein Fuß war, der den Totmannschalter bedienen musste. Hielt er den gedrückt oder nicht? Wenn er das verwechselte, würde der Zug eine automatische Notbremsung einleiten. Nur – irgendwie war ihm auch das egal. Unter sich hörte er die Wupper tosen. Doch es war nur das Brausen in seinem Kopf, das aus ihm selbst kam. Seine Hände tasteten nach den Scheinwerferknöpfen, schalteten sie aus.

Koslowskis inneres Auge durchmaß die hundertsieben Meter bis zum Flussgrund. Viel zu flach war die Wupper hier. Das Wasser könnte den Sturz nicht bremsen. Er würde sich alle Knochen brechen.

Der schwarze Ballon in seinem Magen stieg in die Höhe, platzte kurz vor Erreichen des Kopfes. Plötzlich nahm er wieder die Realität wahr. Unter seinen Füßen spürte er das gleichmäßige Vibrieren des Stahls. Es klang beruhigend.

Koslowski riss die Augen auf, atmete ruhiger durch und flüsterte sich zu: »Höchstens dreißig Sekunden, dann bist du drüben. Denk nicht an die hundert Meter unter dir. Noch nie ist hier ein Zug heruntergefallen. Das hältst du durch. Schau nach vorne.«

Seine schweißnassen Hände wischte er sich an der Hose trocken.

Ein Schatten tauchte aus dem Dunst vor ihm auf. Es gab einen dumpfen Schlag. Am Seitenfenster tanzte eine Gestalt vorbei, war dann weg. Koslowskis Körper reagierte mechanisch. Seine Hände zogen den Regler auf null. Jämmerlich quietschend rutschten die eisernen Räder über die Stahlschienen, kamen nur zögerlich zum Stillstand.

Vom hinteren Teil der Bahn kam der Zugbegleiter keuchend angerannt und riss die Tür zum Führerstand auf: »Was ist los? Warum halten wir mitten auf der Brücke?«

»Ich glaub', da ist jemand vor den Zug gesprungen«, flüsterte Koslowski kreidebleich. Er zitterte am ganzen Körper.

»Du spinnst. Doch nicht hier auf der Brücke.«

Vorsichtig kletterte der Zugbegleiter nach draußen. Stockfinstere Nacht umfing ihn. Selbst die Zuginnenbeleuchtung war gedimmt. Nur einige Notlämpchen verbreiteten einen schwachen Schein. Die dunkle Nacht vermochte dieses Licht nicht zu durchdringen. Der verwirrte Lokführer musste alle Hebel und Schalter umgelegt haben, derer seine Hände habhaft geworden waren.

»Ich kann nichts sehen«, rief der Zugbegleiter zum Führerstand hoch.

Sogar die Bahn erschien ihm nur wie ein Schemen. Weiter hinten hörte er die Platten des schmalen Steges scheppern, der als Fußpfad neben den Gleisen herlief.

Das gesamte Stahlgerüst der Brücke schien zu ächzen und zu knirschen. Unsicher suchte eine Hand des Zugbegleiters das Brückengeländer.

»Hier ist nichts«, schrie er jetzt fast.

Koslowski wachte endlich auf und schaltete die Scheinwerfer und auch das übrige Licht wieder an. Vorsichtig tastete sich sein Kollege die Lok entlang, schaute auf das erleuchtete Stück Gleis vor ihm, bückte sich zum Lokgestänge hinunter und schüttelte den Kopf. Nichts, absolut nichts. »Hat nur Hirngespinste gesehen«, murmelte er, »der alte Angsthase.«

»Hier kannst Du nicht stehenbleiben«, schrie er dann nach vorne. » Fahr weiter. Es sind doch nur noch ein paar Meter bis Schaberg.«

Im Führerstand legte er Koslowski beruhigend die Hand auf die Schulter und spürte dessen Zittern.

Koslowski legte den Fahrhebel um. Zwei Minuten später kletterte er mit wankenden Knien aus der Lok und setzte sich auf den Bahnsteig.

Der Zugbegleiter benachrichtigte den Notfallmanager und die Bahnpolizei.

»Schock«, sagte der Notarzt, der zeitgleich mit der Polizei eintraf. Koslowski wurde in die St.-Lukas-Klinik gefahren, der Bahnverkehr auf dieser Strecke vorerst eingestellt. Außer einer Rückfahrt zum Nachtdepot wäre in den nächsten Stunden sowieso nichts mehr gelaufen.

Die Bahnpolizisten suchten mehrere Hundert Meter Strecke ab, fanden allerdings nirgendwo einen Hinweis auf eine Person, die unter den Zug geraten sein könnte. Auch am Lokgestänge und der Fahrzeugfront waren keinerlei Auffälligkeiten festzustellen.

Nachdem sie mit dem Zugbegleiter gesprochen hatten, verzichteten sie darauf, ihre Suche unterhalb der Brücke fortzusetzen.

—

Benni fand sich weit vor 23:00 Uhr in Schaberg ein. Eigentlich sollte er sein Motorrad auf dem Parkplatz unten am Müngstener Brückenweg stehen lassen und zu Fuß den Waldweg zum Bahnhof hinaufgehen. Da es regnete, verspürte er keine Lust, einen langen Fußmarsch in Kauf zu nehmen. Über diesen Regelverstoß machte er sich keine großen Gedanken, sagte sich nur: »Das ist doch scheißegal.« Er fuhr die Remscheider Straße hoch und dann über die Schaberger Straße bis zum Bahnhof durch. Das Krad stellte er im Schatten ab. Die Laterne vor dem Eingang der Bahnhofsgaststätte zeigte sich gnädig und beließ die weitere Umgebung im Dunkeln. Das Licht vom tiefer liegenden Bahnsteig schaffte es auch nicht bis zur Straße hinauf. Auf dem kleinen Platz vor dem Bahnhof stand ansonsten nur ein einsamer alter Golf. Benni schlenderte vorbei, warf einen Blick in das Wageninnere und sah nichts von Belang. Er wandte sich dem Gebäude zu. Durch das Gaststättenfenster konnte er den Raum überblicken. Der Polack saß an einem Ecktisch, alleine. Eine müde Bedienung wischte mit einem Lappen über den Tresen, sagte dabei irgendetwas zu Koslowski. Benni verstand es nicht. Außer diesen beiden konnte er niemanden sehen.

Zufrieden trat er auf die Straße zurück und ging ein Stückchen auf den Wald zu. Spaziergängern würde er jetzt dort nicht mehr begegnen. Ein Baum als Regenunterstand wäre nicht schlecht. Gleichzeitig hätte er von hier aus den

Vorplatz des Bahnhofes im Blick. Benni fröstelte es unter seiner kurzen Jacke. Zum wiederholten Male schaute er auf seine Armbanduhr; er wartete ungeduldig auf den Anruf, der ihm den Weg zur Pistole weisen sollte.

Seine Nervosität ließ Benni kurze trippelnde Schritte hin und her machen und den Boden unter seinen Füßen langsam zu einem Schlammloch werden. Ein Rumpeln auf der nahen Müngstener Brücke kündigte eine Bahn an. Wieder ein Blick auf die Uhr. Kurz vor halb. Die Bahn hielt an. Benni vernahm das Zischen der Türen beim Öffnen, dann schnelle laute Schritte. Eine junge Frau mit hochhackigen Schuhen eilte auf den Golf zu. Ein Schlüssel schepperte auf den Boden. Dann ein röhrendes Startgeräusch. »Der Auspuff ist hin«, dachte er, und gleich darauf: »Wie ist der Polack denn hierher gekommen?«

»Wahrscheinlich auch mit der Bahn«, schlussfolgerte er. Benni kannte den Fahrplan nicht und überlegte, wann wohl der letzte Zug ginge. Dann kam ihm in den Sinn, dass dies völlig egal sei, da der Polack sowieso keine Bahn mehr benötigte.

Noch vor dem Starten des alten Golfs war der Zug weitergefahren. Nun herrschte wieder Ruhe. Weit und breit rührte sich nichts. Lediglich der Nieselregen verursachte ein leises Rauschen in den Baumkronen, und ab und zu platschte ein von dort abperlender Tropfen auf Bennis Jacke. Als ein Käuzchen sein »Schuhu« durch die Stille schickte, erschrak Benni.

Noch mehr, als sein Handy klingelte. Obwohl er es die ganze Zeit schon verkrampft in der Hand gehalten hatte, war ein zweiter Ton nötig, bis er es ans Ohr brachte und sich meldete.

Sein übliches »Heil!« quittierte der Anrufer mit einem

»Blödmann«. Benni kannte die Stimme nicht. Jedenfalls war es ein Mann, und der kam sofort zur Sache: »Auf dem Bahnsteig steht eine alte Hütte. An der Mauer davor hängt ein Werbebanner. Das verdeckt eine Nische. Die Knarre findest du dahinter. Da legst du sie hinterher auch wieder hin. Alles klar?«

»Äh, alles klar«, krächzte Benni, wollte etwas fragen, aber die Verbindung war schon unterbrochen. Handschuhe hatte er vergessen. Wie sollte er denn nun nachher seine Fingerabdrücke verwischen? Ging das auch mit einem Tempotuch? Nachdenklich bewegte er sich in Richtung Bahnsteig, schaute sich suchend um.

Immer noch war er allein. Der Mensch, mit dem der Polack sich treffen wollte, war auch nicht erschienen. Dann fiel ihm ein, dass Schliepenstein ja gesagt hatte, dass der gar nicht kommen würde. Woher der das nur wusste?

Benni blieb stehen. Er war ein paar Schritte an dem Plakat vorbeigegangen. Er ging schnell zurück, bückte sich und tastete den Hohlraum dahinter vorsichtig ab. Er hasste es, seine Hand in irgendwelche verhangenen Kisten zu führen, um zu erraten, was wohl in ihnen steckte. Seit seiner Kindergartenzeit ekelte es ihn davor, und das hatte sich bis heute nicht geändert.

Als er das kalte Metall berührte, zuckte er zurück. Dann griff er beherzt zu und zog die Waffe heraus. Ein kurzer Blick zurück auf den leeren Bahnsteig, ein heftiges Ausatmen, und schon fühlte er sich wieder stark. Benni vergewisserte sich, dass die Pistole durchgeladen war und sich ein gefülltes Magazin im Griff befand. Lässig schob er sie in den Hosenbund und kletterte hinter dem Schuppen die steile Böschung zur Straße hinauf. Noch einmal wollte er nicht an der erleuchteten Gaststätte vorbeigehen.

Die nächsten dreißig bis vierzig Minuten stand er wieder im Dunkeln unter einem Baum, bis es ihm schließlich zu viel wurde. Der Regen hatte nicht aufgehört, und inzwischen lief ihm das Wasser schon in den Jackenkragen. Fröstelnd trat Benni von einem Bein auf das andere und überlegte, ob er weiter warten oder selbst aktiv werden sollte. In diesem Augenblick wurde das Licht in der Gaststätte gedimmt.

Jetzt gab es kein Überlegen mehr. Er rannte zum Fenster und schaute in den abgedunkelten Gastraum. Die Bedienung stellte gerade Stühle auf die Tische. Der Polack war nirgends zu sehen.

»Scheiße!«, fluchte Benni, rannte zum Eingang, und als er die Tür aufriss, trat Sascha Koslowski gerade aus der Toilette heraus. Beide starrten sich an. Sascha mit aufgerissenen Augen. Er ahnte, dass Bennis Auftauchen nichts Gutes verheißen konnte. Benni aus Ärger über sich selbst. Wie konnte er nur so unvorsichtig sein?

Die junge Bedienung hielt mit dem Stühlerücken inne und schaute erschrocken zur Eingangstür, die Benni wieder vor sich zugeschlagen hatte.

Gleichzeitig hatte Sascha den gleichen unsinnigen Versuch unternommen, sich Bennis Blicken zu entziehen. Er war einen Schritt zurückgetreten und hatte die Toilettentür geschlossen.

Im gleichen Augenblick wurde beiden klar, wie unsinnig das war. Sascha reagierte aber schneller, und als Benni erneut die Tür aufriss und zur Toilette stürmte, fand er nur noch leere Kabinen vor. Das Fenster stand auf Kipp. Dadurch konnte der Polack nicht entkommen sein. Benni hastete in den Gastraum zurück und bemerkte jetzt erst den zweiten Ausgang, der zum Bahnsteig führte.

Der pneumatische Türschließer zog die Tür gerade mit einem klickenden Geräusch ins Schloss. Im Nu stand Benni draußen. Die Uhrzeiger über dem Treppenabgang, der zum gegenüberliegenden Bahnsteig führte, bewegten sich auf 23:50 Uhr zu. Benni lauschte hinunter, zögerte.

Steine klackerten gegeneinander. Bennis Kopf ruckte herum. Der Polack lief über die Schienen weg. Mit einem Satz stand auch Benni im Gleisbett. Sascha hatte bereits gute fünfzig Meter Vorsprung. Über die Gleise rannte er in Richtung Müngstener Brücke.

»Koslowski, bleib stehen! Ich muss mit dir reden«, schrie Benni ihm hinterher und trabte ebenfalls an. Im Laufen zog er die Pistole aus seinem Hosenbund und keuchte bereits nach den ersten Metern.

Sascha Koslowski hatte eindeutig die bessere Kondition. Bennis Aufforderung, stehen zu bleiben, quittierte er nur mit einer verächtlichen Handbewegung und beschleunigte umso mehr. Überdies hoffte er, dass sein Verfolger es nicht wagen würde, ihm in stockdunkler Nacht auf die Brücke zu folgen. Benni mochte zwar ein übler Schläger sein, aber er war auch ein Angsthase.

Das war falsch gedacht, denn Benni hatte einen Auftrag. Sein tägliches Krafttraining und eine gehörige Portion Anabolikafutter hatten ihm eine entsprechende Bodybuilderfigur verschafft, zum schnelleren Laufen verhalf es ihm aber nicht. Koslowskis Vorsprung wurde immer größer. Seine weit ausholenden Schritte polterten scheppernd über die stählerne Mittelabdeckung zwischen den Gleisbetten der Brücke. Benni verharrte nur kurz, ignorierte das schrecklich hohle Geräusch, das die Platten unter seinen Füßen verursachten, und rannte weiter. Nur noch schemenhaft konnte er Koslowski erkennen. Vom dunklen Wald am Ende der Brücke hob sich seine Silhouette kaum ab. Aus eben diesem Wald tauchten plötzlich zwei Lichter auf und die Brücke begann zu vibrieren.

Benni blieb abrupt stehen und schaute den Lichtern entsetzt entgegen. Im gleichen Augenblick erloschen die Scheinwerfer und das Vibrieren der Brücke ging in ein Grollen über. Mit vor Anstrengung und Angst zitternden Händen hob Benni die Pistole und schoss auf den vor ihm laufenden Schatten. Dreimal zog er den Abzug durch, sprang dann auf den Steg neben den Gleisen und klammerte sich eng an das Brückengeländer.

Sascha Koslowski taumelte, blieb aber auf den Beinen und rannte weiter.

»23:52 Uhr«, notierte der Zugbegleiter später in seinem Bericht. »Um 23:52 Uhr leitete der Lokführer Stephan Koslowski mitten auf der Müngstener Brücke eine Notbremsung ein, weil er glaubte, jemanden überfahren zu haben. Die Zugbeleuchtung war ausgefallen.«

Mit in den Ohren schmerzendem Kreischen rutschte die Bahn an Benni vorbei. Er sah nicht hin. Starrte nur nach vorne, versuchte in der Dunkelheit den Polack auszumachen. Ein verwehter Schrei klang ihm im Ohr, wurde von der Stille überdröhnt, die ihn plötzlich ansprang.

Dann öffnete sich zischend eine Tür und jemand kletterte aus dem Zug.

Hastig rannte Benni bis zum Remscheider Ende der Brücke weiter. Die Dunkelheit verbarg ihn vor den suchenden Blicken des Zugbegleiters.

Auf sicherem Boden erinnerte Benni sich an das Handy. Er wählte die voreingestellte Rufnummer und meldete

Vollzug. Dass er nicht wirklich wusste, ob er den Polack erwischt hatte, verschwieg er.

»Denk daran, die Knarre wieder zurückzulegen und das Handy in die Wupper zu schmeißen«, ermahnte ihn die gleiche Stimme wie vor einer Stunde.

»Ne, klar«, murmelte Benni und wusste nicht, wie er das bewerkstelligen sollte.

Von der Brücke her hörte er jemanden etwas rufen. Im Zug ging das Licht wieder an und kurz darauf setzte sich die Bahn langsam in Bewegung.

Der Regen hatte aufgehört. Benni saß auf einem nassen Begrenzungsstein und überlegte krampfhaft, ob er es wagen könne, die Brücke noch einmal zu überqueren, um das Handy und die Pistole loszuwerden. Es musste wohl sein, denn seine Maschine parkte ja auch auf der anderen Seite.

Entschlossen stand er auf, gleich darauf gebremst von Blaulichtern, die durch die Baumkronen auf der Schaberger Seite flackerten.

Benni verharrte abwartend am Waldrand. Lange lauschte er so in die Nacht, versuchte die zu ihm dringenden Geräusche einzuordnen. Als polternde Schritte die Brücke zum Klingen brachten und Taschenlampen hin und her zuckten, wandte er sich fluchend ab und begann den Abstieg ins Tal. Mit weitem Schwung warf er von der Böschung aus das Handy ins Wasser.

Die Schlagzeilen der Zeitung vom folgenden Tag lauteten: »Brandanschlag auf das Autonome Jugendzentrum in Wermelskirchen. Gewaltsame Demonstration der Autonomen.« Weiter hinten stand zu lesen:

»Zwischenfall auf der Müngstener Brücke. Regionalzug vollzog Notbremsung. Über die Gründe hüllt die Bundesbahn sich in Schweigen.«

Tag 2

Wieder einmal verzichtete Cora auf das Frühstück, nicht aber auf ihren morgendlichen Lauf. Zwar war sie immer noch von den Ereignissen des letzten Tages geschlaucht, zwang sich aber trotzdem zu einer Joggingrunde den Schwarzen Weg hinunter, Kehrtwende über die alte Bahntrasse bis zu den Tennisplätzen und dann quer über die Wiesen zum Haus zurück. Das war trotz ihres Zigarettenkonsums für ihre Verhältnisse eine kurze Strecke, reichte ihr aber für heute. Kurzes Duschen, und schon lenkte sie ihren Peugeot Richtung Wermelskirchen. Einen Kaffee und die unvermeidliche Zigarette gönnte sie sich dann doch noch in ihrer Stammbäckerei, draußen am Stehtisch. Die Temperaturen ließen das zu. Ihre Jacke zog sie trotzdem bis oben hin zu. Ihr fröstelte.

In Gedanken versunken nahm sie erst nach einer Weile die junge Punkerin wahr, die sie schon die ganze Zeit zu beobachten schien. Siggi, sechzehn Jahre alt, wenn sie sich richtig erinnerte.

Im Rahmen richterlich angeordneter Sozialstunden mussten sich vor einiger Zeit einige Jugendliche einen Vortrag anhören, den Cora über den Sinn des Jugendschutzgesetzes hielt. Siggi war eine von diesen Jugendlichen.

Cora winkte sie herüber, schob ihr eine ihrer selbstgedrehten Zigaretten hinüber und wartete. Siggi wollte irgend etwas. Das war ihr anzusehen.

Das Mädchen schnippte den Filter ab und verlangte Feuer. Nach dem ersten tiefen Zug sagte sie: »Du bist eine Freundin von Julie.«

Cora nickte erstaunt. Ihr war schleierhaft, wieso diese Siggi das wusste.

»Du sollst mal zum Schrader-Hof rauskommen. Die wollen mit dir sprechen.«

»Wer sind ›die‹ und warum kommen die nicht zu mir?«

Siggi war nicht sehr gesprächig. Sie zuckte nur mit den Schultern, drehte sich um und ging. »Danke«, rief sie im Weggehen und hielt die Zigarette hoch.

Cora kannte keinen Schrader-Hof. Sie konnte sich nichts vorstellen, was ihn mit Julie in Verbindung bringen könnte. Ihre Neugier war aber geweckt.

»Kennst du einen Schrader-Hof?«, fragte sie Kocher, der auf der Wache hinter seinem Tresen thronte und irgendetwas ausfüllte.

Kocher schaute hoch: »Die Lesben-WG? Lass dich da nicht vernaschen«, grinste er Cora unverschämt an. Sie ärgerte sich, ihn überhaupt gefragt zu haben. Wortlos verließ sie die Wache und ging hoch zu ihrem Büro. Bielstein saß in ihrem Sessel und konzentrierte sich auf den PC-Bildschirm.

»Was machst du?«, fragte Cora mäßig interessiert. Sie ging davon aus, dass er wieder nur Solitär spielte und ihm kein vernünftiges Wort zu entlocken wäre.

Bielstein schaute nur kurz auf: »Ich mach' mich mal schlau, was es so für rechtsradikale Aktivitäten in unserer Gegend gibt. Vom Staatsschutz kriegst du ja nur ausweichende Antworten.«

»Gut, schreib mal einen zusammenhängenden Bericht darüber«, sagte Cora, froh, dass Bieli endlich mal selbstständig in die Gänge kam.

»Kennst du einen Schrader-Hof?«, fragte sie auch ihn.

»Der ist verkauft worden. Irgendwelche Frauen betreiben da jetzt ein alternatives Hofprojekt oder so was in der Art.«

Bielstein beschrieb ihr den Weg. Cora schaltete vorsichtshalber ihr Navi ein. So ganz vertraute sie Bielsteins Beschreibung doch nicht.

»Sie haben Ihr Ziel erreicht.«
Cora schlug entnervt auf das Navi und schaltete es aus. Nach Sellscheid hätte sie auch ohne dieses blöde Gerät gefunden. Wo jetzt aber die Einfahrt zu dem Hof sein sollte, sah sie nicht, und auch das Navi wusste es nicht.
»Das darf doch nicht wahr sein«, fluchte sie vor sich hin. Zum Glück kreuzte gerade ein älterer Mann die Straße. »Wo geht's denn hier zum Hof Schrader?«, rief sie ihm aus dem Fenster zu.
Eine Antwort hielt er nicht für nötig. Stumm zeigte er nur auf einen unbefestigten schmalen Weg, der nach wenigen Metern in ein Waldstück führte. Die tiefen, verschlammten Spurrillen ließen Cora um ihren kleinen Peugeot fürchten.
Es ging dann doch gut. Sie fuhr vorsichtig in den Wald hinein, war nach hundert Metern schon wieder durch und hatte jetzt einen geschotterten Weg vor sich, der geradewegs zwischen Feldern auf ein Gehöft zu führte.
Es lag auf einer leichten Anhöhe, sah aus wie ein normales Bauernhaus mit angebauter Scheune, neben der ein großer Kastanienbaum stand. Das gesamte Grundstück war umzäunt. Beim Näherkommen erkannte Cora innerhalb des Areals einen ausgedehnten Gemüsegarten und ein Gewächshaus.
Sie parkte ihren Wagen neben einem alten Jeep und umrundete auf dem Weg zum Tor ein paar schmutzig graue Pfützen.
Sie war gespannt, was man ihr hier erzählen würde. Dass

es etwas mit ihren Ermittlungen zu tun haben könnte, bezweifelte sie. Möglicherweise war das aber die WG, in der Julie wohnt und von der Bieli nicht wusste, wo das sein sollte. So war es ihr inzwischen durch den Kopf gegangen.

Da es außer Vermutungen bisher keinerlei verwertbare Ermittlungsergebnisse gab, nahm sie jeden Hinweis gerne an. Vielleicht würde sie ja doch etwas Interessantes erfahren. Die kleine Siggi, die offensichtlich aus dem Kreis der Autonomen stammte, hatte sie zumindest neugierig gemacht.

»Hier wache ich!«, warnte ein Schild am Tor. Das aufgeklebte Foto zeigte einen niedlichen Welpen. Cora grinste und griff nach der Torverriegelung. Das Gatter schwang nach innen auf. In diesem Augenblick raste ein Monster von Hund heran und warf sich mit Wucht dagegen. Cora sprang vor Schreck zurück und das Gatter – Gott sei Dank – wieder zu. Das Tier gebärdete sich wie wild und machte einen Höllenlärm.

Ein scharfes »Aus!« genügte und die Bestie wurde unverzüglich still. Eine große, schlanke Frau, fast noch ein Mädchen, ganz in Schwarz gekleidet, trat neben den Hund und streichelte ihm den Kopf. »Sitz!«, sagte sie und lächelte Cora an.

»Komm rein, er ist jetzt friedlich.«

Cora zögerte, vertraute dann aber der sanften Stimme und schaute elektrisiert in dunkle, wache Mandelaugen.

»Nora«, streckte ihr die Frau eine fest zudrückende Hand entgegen.

»Äh, Cora«, entgegnete Cora.

»Ich weiß, komm endlich rein.«

Cora bewegte sich ganz langsam und hielt den Hund im Auge. Der stand ruhig auf, beschnüffelte die Besucherin und trottete dann zum Haus zurück.

»Wenn er merkt, dass ein Besucher willkommen ist, wird er ganz manierlich.«

Mit einer anmutigen Bewegung strich Nora sich eine Haarsträhne aus dem Gesicht und ging voraus.

Cora schaute ihr fasziniert hinterher und setzte sich endlich auch in Bewegung.

Dann saß sie in einer hellen, gemütlichen Stube vier jungen Frauen gegenüber, die sie neugierig betrachteten.

»Wieso wisst ihr, wer ich bin?«, fragte Cora in die Runde.

»Du bist eine Freundin von Julie, und wir denken, wir können dir vertrauen.«

Eine kleine, etwas pummelige Blonde mit unzähligen Sommersprossen und blitzenden Augen sagte das. Wie alle anderen war auch sie schwarz gekleidet. Sie kuschelte sich an Nora mit den langen Haaren und sah Cora abschätzend an. Eigentlich schauten alle auf sie und ein belustigtes Glänzen sprühte aus ihren Augen.

Die vorherrschende Modefarbe in diesem Raum tendierte eindeutig zu Schwarz. In ihrem bunten Outfit stach Cora daraus hervor wie ein Papagei aus einer Schar Amseln. Cora wurde sich der Komik der Situation bewusst und unterdrückte ein Kichern. Krampfhaft hielt sie ihre Tasse umklammert, nippte an dem Tee, schaute von einer zur anderen und prustete dann los. Herzhaftes Lachen antwortete ihr.

Coras Blick blieb an einem Aquarell an der Wand hinter den vier Frauen hängen und ihr wurde bewusst, warum sie hier war. Das Bild war unverkennbar Julies Werk. Sie räusperte sich und sagte geradeheraus: »Ein Kollege von mir bezeichnete euch als Lesben-WG; aber ich verstehe nicht, weil Julie doch – ich meine ...«

Hoffnungslos verhaspelte sie sich und erntete erneutes Lachen, bevor die Blonde antwortete. Offensichtlich war sie die Sprecherin der WG: »Julie wohnt hier, weil sie eine Frau ist, sonst nichts. Leider hat diese Frau sich in einen Mann verliebt, oder was sie dafür hält.«

»Ich weiß«, seufzte Cora.

»Ich vermute aber eher, dass ihr Helfersyndrom mit ihr durchgegangen ist«, fuhr die Blonde fort und fing sich dafür einen bösen Blick von ihrer Nachbarin ein.

»Vor ein paar Tagen tauchte sie hier plötzlich mit Sascha auf.«

»Wer ist Sascha?«, fragte Cora, obwohl sie es sich denken konnte. Sie dachte richtig

und lag doch falsch.

»Sascha ist oder vielmehr war eine gewisse Größe bei den Nazis, und damit kommen wir zu dem Grund, weswegen wir dich eingeladen haben.«

»Aber Sascha ist keine Frau, oder?« entfuhr es Cora.

»Nein«, sagte die Blonde und diesmal lachte niemand.

»Sascha ist ausgestiegen. Er hat sich an Exit gewandt und er will sich dem Verfassungsschutz offenbaren, und das bringt ihn in Lebensgefahr, sagte er. Nur deshalb haben wir gestattet, dass er bei uns Unterschlupf findet, denn hier wird ihn bestimmt niemand vermuten.«

»Wir haben das auch nur gemacht, weil Julie uns auf Knien darum gebeten hatte. Der Junge war mit den Nerven völlig fertig gewesen, und es sollte auch nur so lange sein, bis der Verfassungsschutz ihm eine neue Identität verschaffen würde«, mischte sich jetzt die schwarzhaarige Nora ein.

»Ist so was nicht Sache des BKA im Rahmen eines Zeugenschutzprogramms?«, unterbrach Cora.

»Keine Ahnung«, meinte die Blonde wieder, »der telefonierte auch ständig mit irgendeinem vom Staatsschutz oder so was Ähnlichem. Worum es dabei ging – keine Ahnung.«

»Hmh«, machte Cora, »mit wem er sprach, wisst ihr nicht?«

»Ne, woher denn? Der erzählte uns doch nichts.«

»Und nun meint ihr, das hängt mit dem Brandanschlag auf das AJZ zusammen«, mutmaßte Cora. »Was sagt denn Sascha dazu? Ich würde ihn gerne selber fragen.«

Cora schaute in betretene Gesichter.

»Nach dem Brandanschlag tigerte der Typ den ganzen Tag hier in der Stube herum, sprach nicht mit uns, bearbeitete aber ständig sein Handy und simste. Am Abend sagte er plötzlich, er müsse dringend zu einer wichtigen Verabredung nach Solingen. Seitdem ist er verschwunden.« Nora sagte das und ihre Stimme klang zornig.

»Mit wem wollte er sich treffen und wo genau?«

»Der Arsch sprach überhaupt nicht richtig mit uns.«

Eine Zeitlang herrschte Schweigen.

Dann stand Nora auf und nahm Cora an die Hand.

»Ich zeig dir das Zimmer von den beiden. Vielleicht findest du etwas, was dir weiterhilft. Wir wollen die Schweine hängen sehen, die Julie angezündet haben.«

Das wollte Cora auch. Sie würde es mit etwas anderen Worten ausdrücken; aber – ja, sie wollte es auch. Sie sagte es nicht, registrierte nur, dass Nora ihre Hand immer noch hielt, während sie ein Stockwerk höher kletterten.

»Warum ziehst du dich so an, so grell, das lenkt doch von deinem hübschen Gesicht ab?«, fragte Nora und Cora spürte, wie ihr die Röte ins Gesicht stieg.

»Um zu provozieren, um aufzufallen, ich weiß nicht«, zuckte Cora mit der Schulter und löste vorsichtig ihre Hand.

In Julies Zimmer hingen noch zwei andere Aquarelle. Ansonsten stand ein kleiner Schreibtisch vor dem Fenster. Darauf ein Laptop. Auf dem Boden lag eine Matratze mit zwei Kopfkissen und einer großen Bettdecke.

Cora schaute schnell weg und heftete den Blick auf den Laptop.

»Das ist Saschas. Er hat ihn gesperrt. Wir kriegen den nicht ans Laufen«, sagte Nora, »nimm ihn mit, sonst verschwindet er vielleicht doch noch.«

Cora bekam das nicht mit. Sie stand vor einem geöffneten Schrank, sah Julies Kleider, Aktenordner und allerhand Krimskrams. Sie scheute sich, darin herumzuwühlen. Es kam ihr unrecht vor.

»Was meintest du?«, fragte Cora, während sie sich wieder dem Schreibtisch zuwandte und den Laptop betrachtete.

»Heute Nacht sollte er wahrscheinlich geklaut werden. Wir hatten ungebetene Gäste.«

Cora wirbelte herum: »Das sagst du so ruhig? Habt ihr jemanden erkannt? Habt ihr die Bullen gerufen?«

»Die Bullen?«, lachte Nora.

»Ach, du machst mich ganz konfus«, lachte nun auch Cora. Sie konnte sich selbst nicht erklären, warum sie sich diesen Frauen gegenüber so albern aufführte. Oder doch, wollte es sich aber nicht eingestehen. Besonders zu Nora fühlte sie sich magisch hingezogen, konnte sich kaum von ihren faszinierenden Augen lösen.

Nora nahm das sehr wohl wahr. Sie nahm Cora kurz in

den Arm, trat aber schnell wieder einen Schritt zurück.

»Du bist ›die Bullen‹. Wir haben dich gerufen«, sagte sie lächelnd, »den Rest hat unser Hund erledigt.«

»Gab's Verletzte?«, wollte Cora wissen, erntete aber nur Schulterzucken.

In dem Zimmer fand sich nichts, was Cora irgendwie mit dem Brandanschlag in Verbindung bringen könnte. Sie packte nur den Laptop ein und bat darum, auch eines von den Aquarellen mitnehmen zu dürfen.

»Ich glaube, Julie hätte nichts dagegen«, meinte Nora, »weißt du, wann wir sie besuchen dürfen?«

Cora drehte sich abrupt weg: »Keine Ahnung. Sie liegt noch im Koma«, murmelte sie und wandte sich der Tür zu.

—

»Murat Cenk, 36 Jahre alt, verheiratet, zwei Kinder, Kriminalhauptkommissar.« So hatte sich Murat vor einigen Monaten bei seinen neuen Kollegen im Kriminalkommissariat 11 Wuppertal vorgestellt. Ein paar schauten ihn erstaunt an, andere erwiderten sein Lächeln und warteten. Also fügte er noch an: »Ich bin gebürtiger Bochumer mit Migrationshintergrund. Mein Vater ist Ingenieur bei den Stahlwerken, meine Mutter Ärztin bei der Knappschaft. Meine Frau arbeitet als Dolmetscherin und hat einen lukrativen Job hier in Wuppertal angeboten bekommen. Deshalb habe ich mich bei euch für die frei gewordene Stelle als Leiter einer Mordkommission beworben. Da bin ich. Bedient euch«, zeigte er auf das Büfett, »mein Einstand.«

Eine etwas merkwürdige Vorstellung.

Zumindest das Herz des verfressenen Schlupkothen hatte

er damit erobert. Die anderen überzeugte er durch seine professionelle Arbeit, sein Wissen und nicht zuletzt durch seine herzliche Art. Seinen Charme und sein mehr als angenehmes Äußeres setzte er im Kollegenkreis nicht bewusst ein, konnte trotzdem nicht verhindern, dass sich die Kolleginnen darum rissen, in seinem Team arbeiten zu dürfen.

Ständiges Mitglied im Team der Mordbereitschaft Murat Cenk war auf jeden Fall Schlupkothen. Er verstand sich als Murats Basisstation. Vor die Tür ging er äußerst ungern. Er hockte lieber hinter seinem Schreibtisch und bearbeitete alles, was von dort aus erledigt werden konnte und Murats Vor-Ort-Ermittlungen unterstützte. Warum Schlupkothen bei der Polizei gelandet war, wusste er selbst nicht zu erklären. Hatte er einmal zu viel Alkohol intus, was selten vorkam, bezeichnete er sich schon mal etwas hochtrabend als Freelancer, der nach Belieben im Netz unterwegs war. Und damit meinte er nicht das öffentliche oder das polizeiinterne Intranet.

An diesem Morgen erhielt er von Murat den Auftrag, alle aktuellen Vermisstensachen herauszusuchen, während Murat selbst zur Müngstener Brücke fahren wollte. Eine Meldung der Bahnpolizei berichtete von dem Nothalt der Regionalbahn auf der Brücke, weil der Lokführer angenommen hatte, er hätte jemanden überfahren. Bestätigt hatte sich das nicht. Jetzt rief aber gerade der Vorarbeiter eines Arbeitstrupps an und teilte mit, dass in dem Brückengeländer ein blutiger Jackenärmel gefunden wurde. Den wollte Murat sich anschauen.

»Sie können gefahrlos von Schaberg aus zu Fuß über die Gleise auf die Brücke gehen«, hatte der Vorarbeiter gesagt, »der Bahnverkehr ist für die nächste Zeit eingestellt. Wir arbeiten auf der Bühne genau unter dem großen Bogen.« Obwohl Murat noch nicht lange im Bergischen tätig war, kannte er die Müngstener Brücke schon zur Genüge. So manchen Todeswilligen hatte er bereits auf den Wiesen unter der Brücke eingesammelt. Gefunden wurden sie meistens morgens. Der Todessprung fand nachts statt. Vielleicht, weil sonst beim Anblick der unendlichen Tiefe der letzte Schritt ins Wanken geraten könnte.

Murat hörte schon von Weitem das Hämmern, Bohren, Schleifen, beugte sich zu der Arbeitsplattform runter und schrie einen Tagesgruß.
Einer der Arbeiter schaute auf und kam hochgeklettert.
»Ohne Helm geht gar nicht«, zeigte er auf Murats Kopf.
»Das geht schon. Bin nicht zum ersten Mal hier«, sagte Murat und fragte, wo der Ärmel sei.
Der Arbeiter wies ihn zur anderen Brückenseite. Zwischen zwei Streben klemmte ein Stück Lederärmel und die dunklen Flecken darauf könnten tatsächlich Blut sein.
Der Arbeiter schaute interessiert zu, wie Murat sich Handschuhe überzog, den Ärmel herauszog und ihn in eine Plastiktüte verstaute.
»Nein, wir haben ihn nicht angefasst«, kam er Murats Frage zuvor.
»Wollte ich gar nicht wissen«, lachte Murat. »Mich interessiert viel mehr, ob Sie während der Arbeiten auch immer nach dem berühmten goldenen Niet Ausschau halten.«

»Das ist doch nur eine Legende«, winkte der Arbeiter ab. »Wenn wir den unter den 950 000 anderen Nieten finden, steigt aber auf jeden Fall ein riesiges Besäufnis«, grinste er.

Murat schaute auf den Brückenpark hinunter. Die ersten Ausflügler bummelten heran und blickten ihrerseits zur Brücke hinauf. Einige hatten vielleicht die Meldung von dem nächtlichen Nothalt gelesen und fragten sich jetzt, was da wohl los sei.

Das fragte sich Murat auch. Unter ihm floss die Wupper unbeirrt in Richtung Rhein. Wenn es etwas in ihr zu entdecken gab, so zeigte sie es nicht.

Murat klingelte Schlupkothen an.

»Hast du was gefunden?«

»Keine Vermissten, die dich interessieren könnten. Dafür hatte ich gerade den Klärmeister von Glüder am Apparat. Er erwartet dich.«

Damit wusste Murat nichts anzufangen, bis Schlupkothen erzählte, dass am dortigen Wehr der Kläranlage vermutlich ein menschlicher Arm hängen geblieben war. Arbeiter hätten ihn herausgefischt und würden sich jetzt erst einmal auskotzen. Er könne sich also Zeit lassen.

Schlupkothens trockener Humor entlockte Murat immer wieder ein Lächeln.

»Gut«, sagte Murat, »wo ist dieses Klärwerk?«

»Schalt dein Navi ein. So findest du am schnellsten hin.«

»Hab' ich nicht. Bin mit dem Dienstwagen hier«, maulte Murat.

»Na, dann musst du dich halt durchfragen«, meinte Schlupkothen lapidar. »Das Klärwerk liegt jedenfalls ein ganzes Stück flussabwärts« – sprach's und legte auf.

Murat knurrte ärgerlich und wählte ihn erneut an.

»Hör mal, du Nase. Vergiss nicht, wer hier der Chef ist.«

Schlupkothen lachte nur. »Falls du mir sagen wolltest, dass ich die Tauchergruppe aktivieren soll, bist du zu spät. Die Jungens sind schon auf dem Weg.«

Murat schoss ein paar Fotos vom Fundort des Ärmels und ging zum Bahnhof Schaberg zurück. Auf dem Parkplatz standen einige Gerätschaften des Arbeitstrupps, Container, Murats Dienstwagen, sonst nichts.

Da er sah, dass die Gaststätte schon geöffnet hatte, ging er rein und fragte die junge Bedienung, ob sie am Vorabend irgendetwas Besonderes bemerkt habe und wie lange überhaupt geöffnet war.

»Ne, wieso?«

»Irgendein auffälliger Gast oder so was in der Art«, konkretisierte Murat seine Frage.

»Nachdem der letzte Zug durch war, habe ich geschlossen. So gegen Mitternacht. Da geisterten hier noch ein paar Bahnpolizisten herum, die irgend etwas suchten. Sonst war nichts Besonderes. Zum Schluss hatte ich nur noch einen Gast hier, der auf einen Freund wartete, der aber nicht kam.«

»Wie sah der aus?«

»Normal halt. Der war vielleicht Mitte zwanzig, blonde kurze Haare, im rechten Ohr einen Ring. Sah ganz nett aus.«

Murat bohrte weiter nach und die Bedienung erinnerte sich an eine schwarze Lederjacke und dann fiel ihr noch ein, dass irgend ein glatzköpfiger großer Typ kurz vor Schluss reinkommen wollte. Als er den Gast sah, habe er die Tür schnell wieder zugeschmissen und dieser

Gast sei dann wie der Blitz nach hinten raus zum Bahnsteig gelaufen.

»Und?«

»Nichts und. Kurz darauf kam der letzte Zug und dann die Polizei. Keine Ahnung, was die suchten. Ich hab' geschlossen, und weil es regnete, habe ich mir eine Taxe bestellt. Als die Taxe auf dem Parkplatz drehte, sah ich hinten am Rand ein Motorrad stehen. Ich glaube, mit einem Kölner Kennzeichen. Ob das zu diesem Gast gehörte, weiß ich nicht. Jedenfalls stand das heute Morgen nicht mehr dort.«

Das war mehr, als Murat erwartet hatte. Artig bedankte er sich und hinterließ seine Karte, falls der Bedienung noch etwas einfallen sollte.

In Glüder sah der Klärmeister neugierig zu, wie Murat den Armstumpf untersuchte. Im Gegensatz zu seinen Arbeitern schien dem Meister der Anblick nichts auszumachen. Mit zwischen die Lippen geklemmter Zigarette beugte er sich hinunter und zeigte auf ein verblasstes Tattoo.

»Was soll das denn sein? Sieht aus wie ein grinsender Kürbis mit abstehenden Locken.«

Murat betrachtete das Tattoo auf dem Unterarm. »Ich würde sagen, das ist eine stilisierte schwarze Sonne mit Reißzähnen. Ursprünglich eine keltische Rune.«

»Krass, dann ist das ein Stück von einem alten Germanen«, grinste der Klärmeister.

Murat schien heute nur mit Witzbolden zu tun zu haben.

»In diesem Fall vermute ich mal, dass die schwarze Sonne für ›SS‹ steht, ein Zeichen, das sich Nazis gerne einritzen lassen.«

Er machte ein Foto, wählte Schlupkothen an und teilte

ihm mit, dass er ihm ein Bild überspiele. Schlupkothen solle mal in den Dateien suchen, ob die Rune zu einer einschlägigen Person passe.

»Wahrscheinlich kannst du den Rest zu deinem Arm auch gleich abholen«, sagte Schlupkothen. »Die Taucher haben gar nicht weit von der Brücke entfernt eine Leiche gefunden. Hatte sich unter Wurzelwerk am Ufer verfangen und war nur vom Wasser aus zu sehen.«

Die halbe Burger Landstraße war Murat schon wieder hinaufgefahren, da meldete sich der Tauchertrupp. Die Leiche sei nicht weit von der Brücke entfernt gefunden worden, am rechten Ufer, unterhalb der Felsentreppe. Dort sei es aber zu steil. Murat solle deshalb zum anderen Ufer kommen und von Unterburg aus durch die Müngstener Straße und ab der Brücke zum Wiesenkotten weiter geradeaus über den Wanderweg fahren. Also drehte Murat, fuhr, wie ihm geraten wurde, und erntete unterwegs böse Blicke einiger Wanderer.

Die Leiche lag schon auf einer Plane. Ein junger blonder Mann. Der Armstumpf stand grotesk ab. Das rechte Ohrläppchen war eingerissen.

»Kommt vom Treiben über die Grundsteine im Fluss«, meinte ein Taucher.

»Ich würde auf einen abgerissenen Ohrring tippen«, sagte Murat. Die fragenden Blicke der Kollegen ignorierte er. In den Hosentaschen des Toten fand er lediglich ein Handy, das nicht mehr funktionierte, und einen Hausschlüssel. Keinerlei Papiere oder Sonstiges, was auf seine Identität schließen ließe.

Schlupkothen konnte wiederum weiterhelfen.

»Ich habe drei Typen aus unserem Bereich gefunden, die

solch eine schwarze Sonne auf ihrem Unterarm tätowiert haben«, berichtete er. »Zwei sitzen im Knast, vom dritten habe ich nur den Namen ›Sascha Koslowski‹. Über den ist die Aktenauskunft gesperrt. Ich komme da momentan nicht weiter. Der wohnte aber mal in Wermelskirchen, wo jetzt, ist unbekannt. Bei den Kollegen in Wermelskirchen habe ich dich schon angemeldet. Wende dich auf der Wache an den Dienstgruppenleiter Kocher.«

Murat beauftragte die Taucher, die Leiche zur Rechtsmedizin nach Düsseldorf bringen zu lassen. Dann müssten sie noch einmal ins Wasser. Sie sollten nach einer schwarzen Lederjacke suchen.

—

Kocher schaute Murat argwöhnisch an, als der in den Wachraum trat. Seine südländische Herkunft war nicht zu verleugnen. Die tiefschwarzen Haare und der gestutzte Kinnbart harmonierten mit dem dunklen Teint, den Nordländer der Sonne gerne abtrotzen würden. Freundliche braune Augen lächelten Kocher an.

»Cenk, Kripo Wuppertal. Ich bin angekündigt«, streckte er Kocher die Hand entgegen.

»Ah, der Kollege Schenk, wie der Hauptkommissar aus dem Tatort«, beugte Kocher sich über den Tresen.

»Genau«, grinste Murat, der dieses Wortspiel schon kannte. »Nur heiße ich mit Vornamen nicht Freddy, sondern Murat.«

Kochers schon ausgestreckte Hand zuckte zurück. Sein Gesichtsausdruck wurde plötzlich eisig.

»Zweite Etage, Büro Beckers«, wies er auf die Tür und drehte sich weg.

Murat dachte sich seinen Teil. Ähnliche Reaktionen war er gewohnt. Nicht alle konnten vorurteilsfrei mit dem Umstand umgehen, in ihren Reihen Kollegen mit Migrationshintergrund anzutreffen. Es war aber eine unumstößliche Tatsache, die zur Normalität unserer Gesellschaft geworden sein sollte. Bedauernd zuckte Murat mit den Achseln und machte sich an den Aufstieg zu den höheren Etagen.

Zu dieser Zeit hatte Cora auch schon ein beachtliches Arbeitspensum hinter sich. Vom Schrader-Hof aus war sie direkt zur Brandruine des AJZ gefahren, an der schon die Hundeführer und Manni von der Kriminaltechnik warteten.

»Wir sind bereits fertig«, begrüßte Manni seine Kollegin. »Die Hunde haben im Haus nur verhalten angeschlagen.«

»Was heißt das?«, wollte Cora wissen.

»Der Sachverständige …«

»Lingemann.«

»Ja, Herr Lingemann, ich soll dich übrigens grüßen. Er musste wieder weg. Herr Lingemann meinte also, dass das normal sei, wenn wir davon ausgehen, dass Brandbeschleuniger durch das Fenster im ersten Stock reingeschleudert wurde. Oben ist ja alles weggebrannt, deshalb unten im Schutt nicht mehr so viel zu schnüffeln.«

»Warum legt ihr euch jetzt darauf fest, dass der Angriff im ersten Stock erfolgte?

»Darum«, hielt Manni eine Tüte hoch. »Wir haben hier unterhalb des Fensters eine zerbrochene Flasche gefunden. Da fuhren die Hunde voll drauf ab. Und das Erstaunlichste ist, da ist ein wunderschöner Fingerabdruck drauf.«

»Na gut, wie geht's jetzt weiter?«

»Ich fahre ins Labor und dann melde ich mich.«

Cora schaute auf die Uhr. Mittag war gerade vorbei. »Ich fahre dann auch mal los. Falls mich jemand sucht, mein Handy ist an.«

Dass sie vorhatte, in die Klinik nach Aachen zu fahren, sagte sie nicht. Bieli musste es nicht unbedingt erfahren.

Auf der Station wurde Cora von einer freundlichen Krankenschwester Juliane empfangen. »Sie ist wach und reagiert auf Ansprache«, begrüßte sie Cora.

Eilig zog sich Cora die sterile Kleidung und den Mundschutz über und eilte ins Krankenzimmer. Ihr bot sich immer noch ein schrecklicher Anblick.

Julia hatte zwar die Augen geöffnet; aber aus ihnen sprach nur Schmerz. Unter ihrem Plastikzelt wirkte sie wie ein Wesen aus einer anderen Welt. Ihre Pupillen suchten rastlos Halt im Irgendwo.

»Bekommt sie keine Schmerzmittel?«, herrschte Cora die Schwester an.

»Sie ist schon am Limit, mehr geht leider nicht.«

Cora kniete sich neben dem Bett nieder, um Julias Gesicht nahe zu sein. Die Schwester schloss leise die Tür.

»Kannst du mich verstehen?«, flüsterte Cora.

Es dauerte eine Weile, bis das Häufchen Elend die Besucherin wahrnahm. Ihre wimpernlosen Augenlider signalisierten, dass sie Cora erkannte.

»Hast du jemanden gesehen, irgend jemanden erkannt?«

Es kostete Julia enorme Anstrengung, zu reagieren. Sie konnte sich nicht erinnern, was passiert war. Ein Bild nur drehte sich in einer Endlosschleife durch ihre Gehirnwindungen: eine schmale schwarze Gestalt. Erschrockene

Augen in dem Schlitz einer Kopfmaske.

Julias Lippen bewegten sich kaum wahrnehmbar. Sie versuchte, etwas zu artikulieren. Ihrem Mund entwich nur ein geflüsterter Hauch.

»Mäuschen?« Cora konnte den Lufthauch nicht entschlüsseln. »Was bedeutet Mäuschen?«

Julias Kraft war erschöpft. Ihre Augenlider flatterten, blieben dann geschlossen.

»Ach Julie.« Cora hätte heulen können. Sie hauchte einen Kuss gegen die Schutzhülle, die den geschundenen Körper umgab. »Julie, ich schwöre dir, dass ich die Schweine hängen lasse, die dir das angetan haben.«

Coras Gesichtsausdruck drückte Schmerz und Wut gleichermaßen aus. Lange saß sie regungslos neben dem Bett und bemerkte nicht, dass Schwester Juliane schon eine Weile hinter ihr stand.

In Beckers Büro traf Murat einen mürrischen Bielstein an, der mit gebeugtem Rücken vor dem PC saß. Es kostete Murat einige Mühe, ein Gespräch in Gang zu bringen. Schließlich ließ sich Holger Bielstein herab, zu erklären, was er da mache und dass er nicht Beckers sei. Er warte selber auf sie.

Als Bielstein erklärte, er recherchiere über die Rechten im Bergischen Land, wurde Murat hellhörig und erzählte von dem Leichenfund und dass es gut möglich sei, dass der Tote auch ein Rechter sei.

»So ein Tattoo tragen viele von den Rechten«, wusste Bielstein, als Murat ihm das Foto zeigte. Er habe inzwischen so viel darüber gelesen, dass er schon gar nicht mehr durchblicke.

Jedenfalls sehe es so aus, als ob im Bergischen eine

Kameradschaft Bergisch Land aktiv sei. Obwohl die Gruppe keinen namentlich bekannten Führer habe, werde doch immer wieder der Name Benjamin Schlüter genannt.

Was ihn aber am meisten erschreckt habe, sei der Name Sascha Koslowski, der wohl vor diesem Schlüter die Gruppe geführt habe.

»Warum hat Sie das erschreckt?«, wollte Murat wissen.

»Weil ich den kenne, zumindest als Kind. Wir waren Nachbarn«, seufzte Bielstein, »aber das ist lange her.«

Woher er seine Informationen habe, fragte Murat, und Bielstein meinte, dass er sie von einer Netzseite der Autonomen habe, auf der Namen bekannter Nazis veröffentlicht werden.

»Und dabei ist auch ein besonders perfides Exemplar, ein Mitglied der DNP, der hier in Wermelskirchen als Rechtsanwalt arbeitet und sich einen rechtschaffenen Bürger nennt.« Bielstein spuckte den Satz aus und ließ Murat erstaunt aufschauen.

Murat hatte sein Smartphone bearbeitet und übermittelte Schlupkothen die von Bielstein genannten Namen und Internetadressen, damit auch er auf die Suche nach Informationen gehen konnte.

»Seine Tochter ist bei einem Brandanschlag schwer verletzt worden«, erklärte Cora Bielsteins Gefühlsausbruch. Die Männer drehten sich zu ihr um, als sie ins Büro kam.

»Herr Cenk, was führt Sie denn hierher?«

Der Name Beckers hatte Murat nichts gesagt. Ihre Erscheinung sprang ihm aber sofort wieder ins Gedächtnis. Die papageienbunte Kollegin, die auf dem letzten Brandseminar des Landeskriminalinstitutes durch wiederholt hartnäckiges Nachfragen sein Referat gestört hatte.

»Wenn ich Hilfe brauche, soll ich mich an Sie wenden«, streckte er Cora seine Hand entgegen und schaute verwundert in ihre verweinten Augen. »Wie es ausschaut, sind Sie es eher, die Hilfe braucht«, grinste er verlegen. »Was ist los?«

Cora warf Bielstein einen kurzen Seitenblick zu. Sie hatte ihm nicht mitgeteilt, dass sie alleine nach Aachen fahren würde; aber Bielstein nahm sie schon gar nicht mehr wahr. Versunken starrte er wieder auf seinen Bildschirm.

Murat erklärte Cora sein Anliegen und sie beschlossen, gemeinsam zu Koslowski zu gehen. Unterwegs erzählte Cora von ihren Brandermittlungen und der neuesten Erkenntnis, dass es sich wahrscheinlich um einen Anschlag gehandelt habe, bei dem »eine liebe Freundin von mir schwer verletzt wurde«, so sagte sie.

Und so wie sie es eben sagte, klang es in Murats Ohren merkwürdig. »Und das ist Bielsteins Tochter?«, fragte er, obwohl er etwas anderes auf der Zunge hatte. Irgendetwas an Coras Tonfall störte ihn. So als ob sie etwas ganz anderes sagen wollte; aber er verdrängte den Gedanken wieder.

Da Cora seine Frage nur mit einem Nicken beantwortete, bohrte er nicht weiter.

Koslowski öffnete die Tür erst, nachdem Cora laut gegen das Holz bummerte und sich als eine Kollegin von Bielstein ankündigte. Er sah die beiden Beamten müde an und schlurfte in die Wohnung zurück. Murat und Cora schauten sich an und gingen dann hinterher. Auf dem Wohnzimmertisch stand eine fast geleerte Flasche Genever.

Cora stellte ihren Kollegen vor und Murat begann vorsichtig das Gespräch mit einem Kompliment über das schöne helle Zimmer. Koslowski schaute sich um, als ob er es selber zum ersten Mal sehe. Er antwortete mit einem Achselzucken und griff nach seinem Glas. Cora nahm es ihm aus der Hand und fragte, wann er seinen Sohn zum letzten Mal gesehen habe.

Wieder nur ein Achselzucken.

Murat schob das Foto mit dem Tattoo der schwarzen Sonne in Koslowskis Richtung.

»Kennen Sie ein solches Tattoo«, wollte er wissen.

Koslowski warf nur einen Blick darauf, dann knurrte er: »Scheiß-Nazi-Symbol.«

»Vermute ich auch«, meinte Murat, »kann es sein, dass Ihr Sohn ein solches Tattoo auf dem Arm hat?«

»Da müssen Sie den Verfassungsschutz fragen. Ich habe keine Ahnung«, murmelte Koslowski.

Murat räusperte sich: »Sie glauben, Sie hätten letzte Nacht jemanden auf der Müngstener Brücke überfahren, oder es ist jemand vor den Zug gelaufen, oder …« Murat wusste nicht weiter.

Es schien, als ob Koslowski das Gesagte erst in seinem Kopf sortieren musste, bevor er den Sinn verstand. Dann schaute er Murat mit schreckgeweiteten Augen an, sank noch mehr in sich zusammen und begann zu schluchzen.

Cora nahm ihn in den Arm. »Herr Koslowski, wir wissen nicht, ob das etwas mit Ihrem Sohn zu tun hat. Es gibt mehrere Leute, die ein solches Tattoo tragen.«

»Sascha«, schluchzte Koslowski.

In Coras Kopf machte es »Klick«. Sascha. Na klar. Warum war sie nicht schon vorher darauf gekommen? Sascha und

Julia kannten sich seit dem Kindergarten.

Sie rüttelte Koslowski. »War Sascha mit Julia Bielstein zusammen?«

»Ich weiß es nicht«, schniefte Koslowski. »Ich weiß es nicht. Ich weiß gar nichts. Nichts weiß ich über den verdammten Jungen.«

Er sprang auf und schrie in einem fort: »Ich weiß nichts! Ich weiß nichts!«

Cora versetzte ihm eine Ohrfeige und Koslowski plumpste in das Sofa zurück.

»Ich habe nur einen Schatten gesehen«, flüsterte er, »es ging alles so schnell.«

Übergangslos wurde er wieder laut: »Die Schweine haben mich suspendiert. Ich darf nicht mehr fahren und ein Disziplinarverfahren haben sie mir auch angedroht.«

Cora rief Bielstein an, dessen dünne Stimme kaum zu vernehmen war. »Bieli, raff dich auf. Komm her und setze dich zu Koslowski. Der braucht jetzt Beistand.«

»Und ich?«, klagte Bielstein. Darauf reagierte Cora nicht. »Komm, mach dich auf!«, sagte sie nur noch einmal.

Sie warteten nicht auf ihn. Bevor sie gingen, riet Cora Koslowski, sich um anwaltlichen Rat zu bemühen. Sie schrieb ihm die Adresse der Kanzlei in der Carl-Leverkus-Straße auf.

—

Orte, an denen sich der Tod manifestierte und seine Existenz unumstößlich dargestellt wurde, waren für Cora nur schwer begehbar. Friedhöfe zählten dazu. Cora sah sich als lebenslustige junge Frau, die keine Gedanken an den

Tod verschwenden mochte. In ihrem Beruf ließ sich das nicht immer vermeiden. Todesnachrichten überbringen zu müssen, war eine der Aufgaben, die sie äußerst ungern übernahm.

Das Gespräch mit Koslowski war furchtbar für sie gewesen. Irgendwie war sie ja auch persönlich betroffen. Die Katastrophenmeldungen der letzten Tage waren schwer zu verkraften. Es machte sie fertig.

Kaum hatte sie Koslowskis Wohnung verlassen und stand mit Murat wieder auf der Straße, zündete sie sich sofort eine Zigarette an.

»Ein Bier könnte ich jetzt gut vertragen«, seufzte sie.

Murat zeigte Verständnis für ihren Wunsch, dachte für sich aber eher an Rotwein.

Cora überlegte kurz, schaute auf die Uhr und schlug dann vor, ins Katt-Bistro zu gehen. Die hätten gerade aufgemacht und wahrscheinlich wäre es dort ruhig genug, um ungestört reden zu können.

Der riesige Schriftzug »Kein Bier für Nazis« prangte im Parkplatzeingang. Niemand hatte sich die Mühe gemacht, ihn zu entfernen.

»Ich glaube, ihr habt hier ein Naziproblem«, zeigte Murat auf den Spruch. »Das glaube ich inzwischen auch; aber nicht ›ihr‹, sondern ›wir‹«, meinte Cora und tippte ihm gegen die Brust.

Sie betraten das Gebäude und sahen sich nach einem ruhigen Platz um.

Den schwarzen Opel mit abgedunkelten Scheiben, der danach langsam in den Parkplatz einbog, sahen sie nicht. Der Motor wurde abgestellt, aber niemand stieg aus.

Während des ersten Glases redeten sie über das Brandseminar, auf dem sie sich das erste Mal begegnet waren. Beim zweiten Glas bot Murat ihr das Du an und bat sie darum, lauter zu sprechen, da er auf der rechten Seite etwas schwerhörig sei. Er erklärte es mit einem Knalltrauma, das er kürzlich beim Schießtraining erlitten hätte.

Vor dem dritten Glas bestellte Murat eine Kleinigkeit zu essen. Sie waren inzwischen beim eigentlichen Thema gelandet. Cora lag aber zuvor noch eine ganz andere Frage auf der Zunge, und so, wie sie ständig Murats Weinglas fixierte, kannte der sie schon, bevor Cora sie aussprach.

»Ja, ich bin Moslem – qua Geburt. Der Koran und seine Dogmen sind mir jedoch fremd. Sie entsprechen nicht meiner Lebensauffassung,« grinste er schief. »Was ich zu tun oder zu lassen habe, bestimme ich selbst – meistens. Prost.«

Skeptisch schaute Cora in sein offenes Gesicht. Sein spitzbübisches Lächeln könnte auch eine Verlegenheitsmaske sein. Nun gut, das musste er mit sich selber ausmachen.

Murat wurde ernst und wechselte das Thema. Er war der Ansicht, dass der Brandanschlag auf das AJZ und der Leichenfund in der Wupper nicht unbedingt etwas miteinander zu tun haben müssten. Es sei ja noch gar nicht sicher, ob dieser Sascha, der auf dem Schrader-Hof wohnt und mit Julia zusammen ist, tatsächlich Sascha Koslowski ist.

Murat sagte nicht »Julia«, sondern »mit deiner Freundin zusammen ist«, und wie er es sagte, machte Cora wütend.

»Es ist ja wohl kein Geheimnis, das ich eine Lesbe bin«, stieß sie laut hervor, »und ja, es ist auch richtig, dass ich mal mit ihr zusammen war.«

»Ich höre dich gut. Schreien ist nicht notwendig. Ich wollte es nur einmal aus deinem Mund hören«, legte er begütigend seine Hand auf ihren Arm.

Beide schwiegen eine Weile.

»Ihr seid beide befangen, du und Bielstein. Es ist Bielsteins Tochter und deine Freundin. Was habt ihr in diesen Ermittlungen zu suchen?«

Cora schüttelte seine Hand ab. »Ich will die Schweine hängen sehen, die dafür verantwortlich sind«, sagte sie hart.

»Hoffentlich nur im übertragenen Sinn«, meinte Murat.

Darauf sagte Cora nichts. Sie starrte versunken vor sich hin.

Der verunsicherte und depressiv wirkende Koslowski hatte Murat vorhin leid getan. Er wollte ihm nicht auch noch das Foto der verstümmelten Leiche zumuten, die wahrscheinlich sein Sohn war. Ob er es tatsächlich ist, würde sich morgen herausstellen, wenn die bei der Obduktion genommenen Fingerabdrücke mit dem Zehnfingerabdruckbogen verglichen würden, den Manni in seiner KTU liegen hatte.

Cora hatte erzählt, dass Manni seine eigenen Vorstellungen davon hatte, wie er seine kriminalistische Untersuchungsarbeit zu leisten habe. Sämtliche Aktenunterlagen von Sascha Koslowski hätte er eigentlich seit Jahren an das Landeskriminalamt übermitteln müssen, bei dem politische Straftäter zentral registriert werden. Manni aber hatte vorher den Fingerabdruckbogen kopiert. Er unterhielt gerne für alle Fälle ein umfangreiches Archiv ein wenig abseits der Legalität.

Murat bereitete das keinerlei Kopfschmerzen. Mit der

Geheimniskrämerei der polizeilichen Staatsschützer konnte er sich noch nie anfreunden, und bis die sich zu einer Auskunft bequemen würden, wäre er hier schon angewachsen.

Er schickte ein weiteres »Prost« zu Cora, die minutenlang nichts sagte und ins Leere starrte.

Murat betrachtete sie nachdenklich. Er sah eine äußerlich starke, attraktive Frau. Aus ihrer Gesinnung machte sie keinen Hehl und doch reagierte sie aggressiv, wenn die Sprache auf ihre sexuelle Orientierung kam. Sie war verletzlich, emotional angespannt. War es richtig, sie weiter an diesem Fall arbeiten zu lassen?

Murat legte die Frage vorerst beiseite und breitete stattdessen eine Theorie aus:

Vorausgesetzt, der Tote sei Sascha Koslowski und mit dem Sascha identisch, der sich auf dem Schrader-Hof versteckt gehalten hatte, dann habe zwar beides vermutlich miteinander zu tun; aber die Verletzung Julias sei dabei ein Unfall gewesen.

»Unfall«, murmelte Cora sarkastisch. »Das war ein Mordversuch.«

»Wenn es Nazis waren, die den Anschlag verübten, dann haben sie vielleicht damit ein warnendes Zeichen setzen wollen, weil sie wussten, dass Sascha quasi übergelaufen ist. Dass sich zu dieser Nachtzeit eine Person in dem Gebäude befand, konnten sie nicht ahnen. Insofern wäre das ein Zufall.«

Es bräuchte schon einen findigen Staatsanwalt, um daraus einen Mordversuch zu konstruieren, meinte er.

»Was jetzt mit Sascha, wenn es denn unser Toter ist, passiert ist, kann ich noch nicht sagen. Vielleicht haben sie ihn aufgespürt und gejagt und er ist gegen den Zug gelaufen. Wir können auch nicht ausschließen, dass er selber die Nerven verloren hatte, keinen Ausweg mehr wusste und Suizid beging.«

Wider besseres Wissen bestellte Murat eine weitere Runde, von der Cora keine Notiz nahm.

Cora brauchte lange, bis ihre kreuz und quer laufenden Gedanken sich wieder in ruhigeren Bahnen bewegten. Die Gespräche der beiden drehten sich nun um private Themen. Murat machte sich über Coras Outfit lustig. Definitiv hatte er zu viel getrunken, denn so etwas war normalerweise nicht seine Art. Cora zeigte sich jedoch nicht beleidigt, vielmehr konterte sie mit einem Gegenangriff, in dem sie seinen Kinnbart belächelte. Viele Kriminalbeamte würden so herumlaufen. Das kennzeichne sie in Kreisen ihrer Kundschaft.

»Der kommt wieder ab«, entgegnete Murat, »ist ein Urlaubsmitbringsel.«

Er sei zwei Wochen bei Verwandten in Istanbul gewesen. Seine Frau sei mit den Kindern noch für eine weitere Woche dort, deshalb habe er auch jede Menge Zeit. Das war die Einleitung zu der Frage, ob er bei Cora übernachten könne.

»Mein Gästezimmer ist frei«, stimmte sie zu, »dann könnten wir ja gleich noch auf das Konzert gehen.«

Danach war Murat gerade nicht zumute, vielmehr verspürte er plötzlich den dringenden Wunsch, kurz an die frische Luft zu gehen.

»Mir ist schlecht«, murmelte er und verschwand wankend nach draußen.

»Mann oh Mann, das war ein Glas zu viel«, schimpfte er mit sich selbst und ging den Parkplatz entlang, um ein

Gebüsch zu suchen, an dem er sich erleichtern konnte.

Die drei dunklen Gestalten, die sich ihm von rechts näherten, nahm er nicht wahr, und wegen seines Knalltraumas hörte er sie auch nicht.

Murat blieb stehen und knöpfte sich die Hose auf. Sein Pinkelstrahl ließ eine leere Bierdose hell aufscheppern, verrutschte aber in Richtung seines Hosenbeins, als ihn ein harter Schlag zwischen die Schulterblätter traf.

»Na, Ali, so ganz alleine unterwegs?«

Er hätte besser nicht den Kopf gewendet, denn der nächste Schlag traf ihn voll auf die Nase. Das Nasenbein knackte vernehmlich und Blut schoss heraus.

Im Nu war Murat nüchtern, wirbelte herum, konnte aber dem Baseballschläger, der ihm die Beine weghaute, nicht mehr ausweichen. Ein auf dem Rücken liegender Käfer hätte ein ähnliches Bild abgegeben. Doch im Gegensatz zu ihm konnte Murat nicht mit den Beinen strampeln. Sie waren wie gelähmt. Sein verschwommener Blick versuchte, einen Stern am Himmel festzuhalten. Der leuchtende Punkt bewegte sich, wurde zu einem dahinziehenden Flugzeug.

Der Schwindel in Murats Kopf verflüchtigte sich und jetzt sah er die vermummten Gestalten, die ihn umringten. Ihre Silhouetten schärften sich in dem Lichtschein, der aus der aufschwingenden Tür trat, und von dort kam ein weiterer Schatten herangeflogen.

Lange, schlanke Beine in schmetterlingsgelber Hose wirbelten durch die Luft und landeten im Kreuz eines der Angreifer. Die Wucht des Tritts katapultierte ihn ins Gebüsch. Bevor die beiden anderen ihre Überraschung überwanden, sahen sie sich einem Hagel von Schlägen und Tritten ausgesetzt, die sie flüchten ließen.

Ein dunkler Opel startete ohne Licht, und der Spuk war vorbei.

»Kennzeichen?«, spuckte Murat Blut und stützte sich auf den Ellbogen hoch.

»War zu düster, habe ich nicht gesehen«, keuchte Cora. Sie half Murat auf.

»Die nannten mich Ali.«

»So bezeichnen die Nazischläger alle Türken«, wusste Cora.

»Aber war denn wirklich ich gemeint?«, wandte Murat ein. »Es weiß doch gar keiner, dass ich hier bin und was ich hier mache.«

»Einer wusste es.« Ihre Stimme klang gepresst.

»Bielstein? Nein«, verwarf Murat gleich wieder diesen Gedanken. »Dieser merkwürdige Schrat auf der Wache.«

»Ja, Kocher.« Coras Gedanken überschlugen sich, fanden aber kein richtiges Packende.

Zunächst musste sie sich auch um Murats Verletzung kümmern.

Im Krankenhaus wurde seine Nase gerichtet und mit einem straffen Pflaster fixiert. Seinem schön geschnittenen Gesicht verlieh das ein verwegenes Aussehen.

Murat musste lachen, als er sich im Spiegel betrachtete.

»Imposant, wie du dich da reingeschmissen hast«, lobte er Cora. »Bist du Kampfsportlerin?«

»Ne, Leichtathletin, zumindest früher mal. Speerwurf war meine Meisterdisziplin.«

Sie hakte Murat unter und ließ ihn ein paar mal im Gang auf und ab gehen.

»Wenn du dich fit fühlst, gehen wir jetzt noch zum Konzert«, verkündete sie dann, keinen Widerspruch duldend. Seufzend fügte Murat sich.

Die dritte Nacht

Der Schwanenplatz, auf dem zu anderen Zeiten Karussells mit quietschenden Kindern ihre Runden drehten und heisere Losverkäufer Nieten anboten, war weitläufig abgesperrt. Die Stadtverwaltung hatte nicht umhingekonnt, kurzfristig ein Solidaritätskonzert für das abgebrannte AJZ, vor allem aber für Julia, zu genehmigen.

Als Organisator trat das AJZ-Team auf. Maßgeblich war jedoch die autonome Szene aus Wuppertal. Man munkelte zwar, dass es dort keine Führung mehr gab beziehungsweise nie gegeben habe, trotzdem war sie immer noch in der Lage, aus besonderem Anlass ein paar Hundert Leute aus benachbarten Städten ad hoc zu mobilisieren.

Cora und Murat hatten sich zu Fuß auf den Weg gemacht. Sie wollten den Kopf freibekommen. Fahrzeuge mit Kennzeichen aus der gesamten Region parkten die Straßen zu. Mindestens 500 Menschen hatten sich eingefunden – die Hundertschaft der Polizei, die wiederum aus Wuppertal angereist war, nicht mitgerechnet. Auch die örtlichen Beamten waren alle in Bereitschaft gesetzt worden, und so musste auch Bielstein vorübergehend seine Uniform wieder anziehen und sich notgedrungen von Koslowskis Genever trennen.

Als Erstes spielte die Band, die vor dem Brand bereits als Vorgruppe der Ska-Band im AJZ aufgetreten war. »Roots & Dub« nannte sie sich. Cora kannte sie nicht. Von den Reggaerhythmen fühlte sie sich aber sogleich angesprochen. Murat bewegte sich vorsichtig mit, seine Nase pochte.

Nach knapp einer halben Stunde herrschte auf dem Platz Festivalstimmung.

Nora vom Schrader-Hof war es dann, die die Stimmung kippen ließ. Sie trat ans Mikrofon und erzählte von Julia wie in einem Nachruf. Nicht nur Cora standen die Tränen in den Augen.

Als danach die »Microphone Mafia« aus Köln aufspielte, tat sich zunächst nichts. Das Publikum stand versteinert, einige schrien Parolen wie »Rache für Julia« und Ähnliches, andere verließen mit gesenkten Köpfen den Platz. Nach einer Weile kam wieder Bewegung in die Menge. Die Hip-Hop-Gruppe war von vielen Solidaritäts-Kundgebungen her bestens bekannt und im Wuppertaler AZ fast so etwas wie eine Hausband. Es dauerte daher nicht lange, bis der gesamte Platz wieder wogte.

Cora und Murat hatten sich inzwischen an den Rand zurückgezogen. Die Stimmung war ihnen vergangen. Cora sah junge Polizistinnen, die ekstatisch neben ihren Einsatzfahrzeugen herumhüpften, und schüttelte verständnislos den Kopf. Lichtblitze zuckten über den Platz.

»Gespenstisch«, sagte Murat, »lass uns gehen.«

Plötzlich zischte etwas laut, es gab ein Knacken und die Musik verstummte. Sie verstummte nicht wirklich, denn die Band spielte weiter; aber mehr als ein metallenes Zirpen war nicht mehr zu vernehmen.

»Kurzschluss«, kommentierte Murat, denn auch die Scheinwerfer waren erloschen.

Vereinzelte Angstschreie waren zu hören. Die Dunkelheit blieb, doch durch die Stille dröhnte plötzlich eine völlig übersteuerte Anlage und schleuderte »Störkraft« in die Nacht. »Die Rache sei dein, dreckig, kahl ...«, schallte die Nazi-Band über den Platz.

Dem Hanomag mit den riesigen Lautsprechern hatte niemand Beachtung geschenkt. Er stand hinter den Polizeifahrzeugen und alle dachten, er gehöre zu einer der Bands.

Als die Menge erkannte, was hier geschah, scholl ein kollektiver Aufschrei über den Platz. Im gleichen Augenblick stürmten mindestens dreißig bis vierzig vermummte Gestalten zwischen den Einsatzfahrzeugen an den völlig verdutzten Polizisten vorbei und begannen, mit Knüppeln auf die am Rand stehenden Leute einzuprügeln. Im Nu war eine riesige Keilerei im Gange. Nur zögernd rückten die Polizisten vor und versuchten die Schläger einzukreisen.

Scheinwerfer leuchteten kurz auf und verloschen wieder. Plötzlich fielen Schüsse.

In dem Geschrei gingen sie fast unter.

Cora hatte auch ihre Dienstwaffe gezogen, wusste in dem Gewusel damit aber nichts anzufangen. Einzelheiten waren in der wogenden Masse kaum zu erkennen.

Das Ganze dauerte nur ein paar Minuten, dann heulten Motoren auf, Fahrzeuge entfernten sich und der Spuk war vorüber.

Weinen und Stöhnen wehten durch die Dunkelheit, bis endlich die Scheinwerfer der Polizeifahrzeuge die Szenerie beleuchteten. Jemand schrie nach einem Arzt.

Befehle flogen hin und her. Niemand wusste so recht, was er tun sollte.

Wenige Meter vor sich sah Cora zwei vermummte Gestalten am Boden liegen. Ihre Körper zuckten. In den verkrampften Händen hielten sie Baseballschläger.

Cora stürzte auf sie zu, schmiss sich auf den, der ihr am

nächsten lag, drehte ihm die Arme auf den Rücken und sah plötzlich Bielstein neben sich.

Mit Wucht ließ er sich in das Kreuz des anderen Vermummten fallen und hielt ihn so am Boden.

»Nazischweine!«, keuchte Bielstein. Brutal riss er den Kopf des Liegenden hoch und zog ihm die Kapuze herunter. Ein Schmerzensschrei entstieg der Gestalt, hell, weinerlich – ein Mädchen. Erschrocken sprang Bielstein auf. Da ging schon ein Sanitäter neben ihm auf die Knie herunter, tastete die junge Frau ab und rief nach einer Trage.

»Was ist mit ihr?«, wollte Cora wissen. Sie hatte sich inzwischen auch von ihrem Gefangenen gelöst. Der rührte sich nicht, atmete nur heftig und wimmerte.

»Wadendurchschuss«, rief der Sanitäter. Dann wandte er sich Coras Verletztem zu, drehte ihn auf den Rücken.

»Bauchschuss«, stöhnte er auf. »Verdammte Scheiße! Was ist hier los?«

Cora konnte ihm die Frage nicht beantworten.

Bielstein sagte sowieso nichts. Er stand in seiner typischen Büßerhaltung mit hängenden Schultern neben dem weinenden Mädchen. Der Sanitäter sah ihn böse an.

»Das konnte ich doch nicht ahnen«, murmelte Bielstein.

Murat ging jetzt auch in die Hocke. Mit seinem Smartphone fotografierte er die Gesichter der beiden Verletzten.

»Das ist Schliepensteins Tochter«, zeigte Bielstein auf das Mädchen, das ihn mit tränenverschleierten Augen ängstlich anschaute.

Cora sagte gar nichts. Sie schaute nur Murat an, und als hätten sie den gleichen Gedanken, nickten sie sich zu. Sie warteten nicht, bis der Arzt kam, beauftragten Bielstein, die Personalien festzustellen, und gingen dann.

»Ich kann nur die Frage des Sanis wiederholen«, sagte Murat nach einer Weile, »was ist nur bei euch hier los?«

»Krieg«, murmelte Cora, »ich habe keine Ahnung, was das alles bedeutet.«

Tag 3

Murat konnte nicht schlafen. Coras Besucherbett war ihm zu weich, außerdem zog ständig ein pochender Schmerz durch seinen Kopf. Das Konzert hätte er sich ersparen sollen, den Alkohol sowieso. Die Sonne stand noch nicht richtig am Himmel, da saß er bereits mit schwarzem Kaffee in der Küche am Tisch und fertigte ein Organigramm. In die Mitte malte er einen Kreis, in den er »AJZ« und »Julia« schrieb, ein Pfeil führte zu einem weiteren, in dem »Schrader-Hof« und »Sascha« stand, versehen mit einem Fragezeichen. Von dort zog er einen weiteren Pfeil zur »Müngstener Brücke«. Hier setzte er zwei Fragezeichen. Ein weiterer dicker Strich ging vom »AJZ« zu »Schliepensteins Haus«. Wo er den Überfall auf sich selbst einordnen sollte, wusste er nicht, also malte er einen abseitsstehenden Kreis, in den er »Ali« schrieb. Für die vielen Graffiti im Stadtgebiet gruppierte er kleine Kringel und verteilte sie auf dem Blatt. Blieb der Überfall während des Konzertes. Auch hier sah er keine Verbindung zu seinen anderen Kreisen. Also setzte er auch dort ein Fragezeichen.

»Passt alles irgendwie nicht zusammen«, sagte Cora, die, vom Kaffeeduft angelockt, plötzlich hinter ihm stand. »Andererseits schon. Das waren brutale Überfälle rechter Schlägertruppen, ausgeführt in kurzen Abständen. Ich erkenne aber keinen Anlass. Warum geschieht das hier in Wermelskirchen? Hat das etwas mit Sascha zu tun?«

Murat betrachtete ausgiebig den Satz in seiner Kaffeetasse. Eine Antwort fand er darin nicht. Er selbst hatte auch keine parat.

»Du kannst übrigens ruhig meinen Laptop benutzen und in meinen Dateien herumkramen, brauchst nicht zu fragen.«

Irritiert schaute Murat auf den PC, der aufgeklappt neben ihm stand. »Entschuldige; aber ich wollte dich nicht wecken, habe nur ein paar Mails abgesetzt.« Ihren ärgerlichen Unterton nahm er gar nicht wahr.

»Der war passwortgesichert«, gähnte Cora und zog sich einen Stuhl heran.

»War kein Problem«, murmelte Murat, »habe ich von Schlupkothen gelernt.«

Er war ganz in Gedanken versunken, malte noch ein paar Kringel, zog Pfeile von einem Kreis zum anderen und wandte sich Cora zu:

»Das ergibt wirklich keinen Sinn, es sei denn …«

»Was?«, zog Cora den Zettel zu sich rüber.

»Es sei denn …, ach, ich weiß auch nicht. Lass uns das im Büro besprechen. Ich habe die anderen für 07:00 Uhr bestellt. Wir haben heute viel zu tun.«

Cora hatte längst akzeptiert, dass Murat der Chef ihrer kleinen Gruppe war. Sie fragte nicht weiter nach, begab sich stattdessen ins Badezimmer, und kurz vor sieben Uhr staunte sie, dass in ihrem Büro tatsächlich schon zwei Männer auf sie warteten.

Der eine war natürlich Bielstein, der interessiert zusah, wie der zweite irgendetwas auf Coras Bürocomputer installierte.

Der Mann stand auf und lächelte Cora mit listigen Augen hinter einer schicken Hornbrille an: »Was für eine aparte Erscheinung. Ich dachte schon, ich müsste den ganzen Morgen mit diesem Griesgram hier verbringen. Darf ich mich vorstellen?«

Cora schaute auf sein Wohlstandsbäuchlein, die schlabberige Cordhose, das aus der Hose hängende Hemd und schließlich in das grinsende rosige Gesicht, in dem die Designerbrille ein Fremdkörper war. Sein Grinsen verstärkte sich, als ob er sagen wollte: »Man gönnt sich ja sonst nichts.« Was er allerdings auf dem Kopf trug, konnte man nur als absolute Geschmacksverirrung bezeichnen. Ob die schwarzen Locken gefärbt waren, wollte Cora gar nicht erst wissen.

»Nein«, sagte sie, »lassen Sie mich raten – Schlupkothen?« Dabei zog sie ein Gesicht, als ob ihr der Anblick Schmerzen bereitete.

Schlupkothens gute Laune konnte das nicht beeinträchtigen. Er wandte sich Murat zu: »Chef, du musst gute Gründe haben, mich aus meinem Sessel zu locken.«

Hatte Murat. Zunächst sollte Schlupkothen ihm sein dienstliches E-Mail-Konto öffnen. Murat las die Mail, die soeben erst eingetroffen war, und nickte zufrieden.

»Unser höchster Chef hat alles so in die Wege geleitet, wie ich es ihm vorgeschlagen hatte«, erklärte er den fragend dreinblickenden Kollegen. »Die Müngstener Brücke liegt in unserem Zuständigkeitsbereich. Die Wupper bis zum Klärwerk Glüder auch. Der Brandanschlag auf das AJZ hier in Wermelskirchen nicht, scheint aber mit unserer Leiche im Zusammenhang zu stehen. Deswegen ermitteln wir in beiden Fällen und lassen die eigentlich zuständige Kölner Mordkommission außen vor. Unterstützt werden Schlupkothen und ich von euch«, zeigte er auf Cora und Bielstein. »Außerdem nehmen wir noch euren Kriminaltechniker Manni dazu.«

»Und die Auseinandersetzungen zwischen den Rechten und den Autonomen, die Schlägerei und Schießerei gestern Abend?«, warf Cora ein, »das ist doch alles Sache des Staatsschutzes!«

»Lass die ruhig eigene Ermittlungen aufnehmen. Wir arbeiten unabhängig von denen. Ich habe so ein Gefühl, als ob wir damit bessere Chancen hätten, der Sache auf den Grund zu gehen. Wenn die wirklich Ahnung von der rechten Szene hätten, dann hätten die doch zumindest Hinweise auf den geplanten Überfall auf das Konzert gehabt, oder mittlerweile Ergebnisse dazu präsentiert.«

»Das gibt Ärger«, zeigte Cora sich skeptisch, worauf Schlupkothen nur grinsend auf Murat zeigte und meinte: »Ärger ist sein zweiter Vorname.«

Murat zuckte nur mit den Schultern und war schon dabei, Aufträge zu verteilen: »Schlupkothen und Manni fahren zur Obduktion nach Düsseldorf und …«

»Guten Morgen«, unterbrach Manni, der gerade ins Büro trat und mitbekommen hatte, dass er mit einem Auftrag bedacht worden war.

»Bevor ich irgendwohin fahre, solltet ihr euch ein paar interessante Sachen anschauen.«

Er legte ein Handy auf den Tisch. »Das hatte deine Leiche in der Hosentasche«, nickte er Murat zu. »Ansonsten haben die Taucher nichts weiter in der Wupper gefunden, auch keine Lederjacke.«

Schlupkothen zog sich das Handy rüber. »Das ist hin«, meinte Manni.

»Dann habe ich hier noch ein Projektil, das die Ärzte heute Nacht aus dem Bauch des angeschossenen Typen rausgeholt haben. Muss ich noch näher untersuchen. Und für dich«, wandte er sich Cora zu, »habe ich keine guten Nachrichten.«

Manni präsentierte den Fingerabdruck, den er auf dem

Flaschenrest vor dem AJZ gefunden hatte. Zwölf Merkmale müssen auf so einem Abdruck definiert werden, damit man ihn einwandfrei einer individuellen Person zuordnen kann. Hier waren aber leider nur sechs zu finden gewesen. Der Fingerabdruck sei doch nicht so gut gewesen, wie er gedacht hatte, bedauerte Manni. Möglicherweise habe der auch gar nichts mit dem Brandanschlag zu tun, denn er sei sehr klein, wie von einem Kind.

»Vielleicht auch einem jungen Mädchen«, sagte er.

Der letzte Satz schwang durch den Raum, schlüpfte in Coras Gehirnwindungen, passierte das Denkzentrum, hallte dort wider –»vielleicht auch ein junges Mädchen«, und projizierte ein Bild: Cora kniet neben Julias Krankenbett. Ein Hauchen erreicht ihr Ohr – »Mäuschen«.

Elektrisiert sprang Cora von ihrem Stuhl auf: »Ein Mädchen! Sie hat ein Mädchen gesehen.«

Vier Augenpaare schauten sie fragend an.

»Julie hat ein Mädchen gesehen«, riss Cora das Kärtchen mit dem Fingerabdruck aus Mannis Hand und starrte darauf.

»Kein Treffer? Du hast gesagt, er wäre astrein«, schnauzte sie Manni an.

»Zu wenig individuelle Merkmale«, bedauerte Manni.

»Klärst du uns mal auf?«, mischte Murat sich ein.

»Bielsteins Tochter hat bei dem Anschlag auf sie ein Mädchen gesehen«, antwortete stattdessen Schlupkothen. »Das hier ist möglicherweise ihr Fingerabdruck; aber er ist nicht auswertbar.«

Manni nickte.

»Woher … wieso …?« Bielstein war ganz durcheinander. Einerseits verstand er, um was es hier ging, andererseits fragte er sich, wieso Cora das wissen konnte – Julia lag doch im Koma.

Cora ging auf, dass sie sich verplappert hatte. Sie versuchte sich herauszureden und erklärte Bielstein umständlich, dass sie spontan nach Aachen ins Krankenhaus gefahren sei. Julia sei kurz aus dem Koma erwacht und habe etwas gemurmelt.

»Ich habe es nicht verstanden; aber so etwas Ähnliches wie ›Mädchen‹ könnte es gewesen sein. In meiner Aufregung und dem ganzen Trubel hier hatte ich wohl vergessen, es dir zu erzählen.«

Sie drehte Bielstein den Rücken zu und tat so, als sei die Sache damit erledigt. Fahrig blätterte sie in einem Aktenordner.

Bieli starrte stumm auf Coras gebeugten Rücken. Wut und Misstrauen zeichneten sich in seinen Gesichtszügen ab. Er sagte nichts und verließ wortlos das Zimmer.

—

Manni steuerte mit wachsender Begeisterung Schlupkothens roten Cayenne über die Autobahn. Die Wermelskirchener Dienststelle konnte der kleinen Sonderkommission keinen Dienstwagen zur Verfügung stellen.

»Brauchen wir alle für unsere deutschen Landsleute«, hatte Kocher mit frechem Grinsen Murats Bitte abgeschlagen.

Cora wollte sich aufregen, doch Murat winkte nur ab. Diesen Kocher würde er sich später vornehmen.

Jedenfalls kam Manni so in den Genuss, Schlupkothens Geschoss fahren zu dürfen. Wie der sich den bestimmt sechzigtausend Euro kostenden Wagen leisten konnte, wollte er nicht fragen. Schlupkothen hörte sowieso nicht zu. Mit aufgeklapptem Laptop saß er auf dem Beifahrersitz, hatte das Handy der Wasserleiche angestöpselt und murmelte irgendetwas vor sich hin. Erst kurz vor dem Leverkusener Kreuz schaute er auf.

»Wo fährst du hin?«, las er erstaunt die Richtungsanzeige auf der A1.

»Rechtsmedizin Köln.« Manni zog ganz nach links rüber und fluchte über den BMW vor ihm, der ihn ausbremste.

Noch rechtzeitig erreichte ihn das »Quatsch« Schlupkothens, der ihn daran erinnerte, dass die Wuppertaler zuständig seien, somit auch die Gerichtsmedizin Düsseldorf, nicht Köln.

Hektisch schaltete Manni herunter und fädelte sich nach rechts auf die A3 ein.

Dr. Adamskis alter Porsche sah noch älter aus, als Manni den Cayenne direkt daneben abstellte, erntete aber vielleicht deshalb begehrliche Blicke Schlupkothens.

Beide Polizisten betraten das Gebäude durch den Hof- und Kellereingang und waren zunächst verwirrt, schon im Gang Leichen liegen zu sehen. Eine Gruppe Studenten kam ihnen entgegen und zeigte den Weg nach oben, zu den Sektionssälen. Weder Manni noch Schlupkothen waren je hier gewesen.

Olga Adamski, Pathologin der Gerichtsmedizin und Privatdozentin der Uniklinik Düsseldorf, sah die beiden Männer abschätzend an. Ihr Blick streifte kurz Manni, den Prototypen des preußischen Beamten mit gescheiteltem Haar, der sich über seinen mausgrauen Anzug gerade einen Kittel überzog, und verweilte dann länger auf Schlupkothens ausladender Figur.

»Kannte Ihre Stimme nur mit Telefon«, radebrechte sie wie immer in unkorrektem Deutsch. »Dachte immer, dicker Mann mit Glatze. Glatze gut zu ihnen passen würde.«

Als spüre er schon die Schere an seinem Kopf, fuhr Schlupkothens Hand erschrocken durch seine Locken, und seine rosigen Wangen bekamen noch ein wenig mehr Farbe.

»Unter Ihrem Kittel verbirgt sich auch nicht gerade eine Modellfigur«, konterte er.

»Wenn Sie jetzt genug Nettigkeiten ausgetauscht haben, könnten wir vielleicht zur eigentlichen Sache kommen«, schaltete Manni sich ein. »Das ist kein Ort, an dem ich mich länger als notwendig aufhalten möchte.«

»Wie sehen, wir schon fertig«, antwortete Adamski kühl und versetzte ihrem Sektionsgehilfen Schulze gleichzeitig eine Kopfnuss. Er wollte den Faden, mit dem er den toten Körper gerade zugenäht hatte, schon wieder mit den Zähnen abbeißen.

Schlupkothen drehte sich angewidert weg.

Manni packte seelenruhig seine Gerätschaften aus und begann, die Fingerkuppen der Wasserleiche schwarz einzufärben – zunächst die an dem abgerissenen Arm, der neben der Leiche lag. Dabei fluchte er, denn es hatte sich bereits eine schrumpelige Waschhaut gebildet, die das Unterfangen arg erschwerte.

»Denke mit schwere Wucht gegen Kante geschleudert«, nickte Adamski dem Arm zu. »Abgequetscht dann.«

»Und wie ist der sonstige Befund?«, murmelte Manni der Leiche zu, meinte aber Adamski.

»Üblich, wenn von Brücke gefallen.«

»Heißt?«

Manni besaß die seltene Gabe, sich jedweder Umgebung anzupassen. Geradezu nahtlos fügte er sich in das Geschehen ein. Selbst das Sprachgebaren der Obduzentin übernahm er bereits.

»Halten mal eben«, drückte er Adamski die Tube mit der schwarzen Paste in die Hand, während er sich ihres Skalpells bemächtigte. Routiniert ließ er die scharfe Klinge um einen Finger des Verblichenen kreisen und zog dann vorsichtig die Haut von der Kuppe ab, um sie sich selbst über seinen behandschuhten Finger zu streifen.

Fasziniert schaute Adamski zu und Schulze lächelte hämisch, als Schlupkothen sich langsam vom Tisch zurückzog.

Manni drückte seinen Finger mit dem Hautfetzen vorsichtig auf den Zehnfingerbogen, rollte ihn ab, und ein wunderschöner Abdruck wurde sichtbar.

»Was jetzt mit Befund ist?«, fragte Manni noch einmal, während er sich den nächsten Finger vornahm.

Olga Adamski holte einmal tief Luft und rasselte dann hinunter: »Abschürfungen und Hämatome von Steine im Wasser, Ohrläppchen abgerissen, fast sämtliche Knochen gebrochen, Milz und Leber gerissen, Herz und Lunge von splitternden Rippen durchbohrt …«

Manni unterbrach ihren Monolog und gab eine Kostprobe seines knochentrockenen Humors ab: »Als Organspender also nicht geeignet«, sagte er.

»Hier keine Witze, bitte«, schaute Adamski irritiert auf.

Fast fünf Minuten brauchte sie, um jede einzelne Verletzung zu beschreiben, bevor sie multiples Organversagen als Todesursache verkündete. Restblut aus der Oberschenkelvene müsse noch auf Alkohol untersucht werden. Den Todeszeitpunkt würde sie auf zirka 48 Stunden zuvor festlegen. Genauer ginge es nicht, da sie die Wassertemperatur der Wupper nicht kannte und niemand die Körpertemperatur der Leiche bei der Auffindung gemessen habe.

» ›Vorgestern um 23:50 Uhr‹ können Sie in die Todesbescheinigung eintragen«, meldete sich Schlupkothen zu Wort. Er schlich in gebührendem Abstand um den Tisch herum. Stillstehen hielt er nicht aus; aber seine Neugier zwang ihn, zu bleiben und weiter zuzuschauen. Seit seiner Ausbildungszeit hatte er nie wieder an einer Obduktion teilgenommen. Und das war auch gut so, dachte er sich.

Schon als Schulze die gerollten Papiertücher in den ausgeschlachteten Leib der Leiche stopfte und dann die zersplitterten Rippen in den Brustkorb zurückdrückte, bevor er mit dem Zunähen begann, konnte Schlupkothen kaum seinen rebellierenden Magen in Schach halten. Den Saal sofort wieder zu verlassen, diese Blöße wollte er sich aber nicht geben.

Manni brauchte unendlich lange, alle zehn Fingerabdrücke aufs Papier zu bringen. Niemand sprach währenddessen. Zu hören waren nur das Geklapper des Obduktionsbestecks, das Schulze unter fließendem Wasser abspülte, und die schlurfenden Schritte Schlupkothens, der seine Kreise zog. Adamski beobachtete ihn amüsiert.

»Das krank ist«, meinte sie schließlich.

»Was?«

»Bluthochdruck, Arterien verstopft, ist gefährlich«, deutete sie auf Schlupkothens Kopf, der die Farbe einer überreifen Tomate angenommen hatte.

»Weiß ist selbst«, erwiderte er ärgerlich, ohne seine

Kreise zu unterbrechen. »Im Übrigen heißt das nicht ›Das krank ist‹, sondern ›Der ist krank‹, also ich, Gernot Schlupkothen.«

»Gernot – das schöner Vorname ist«, lächelte Frau Doktor.

Manni klappte seinen Koffer zu. »Könnt ihr das nicht anderswo besprechen, wir sind hier schließlich nicht in der Sprechstunde.«

Schlupkothen blieb endlich stehen. »Eine gute Idee«, schaute er Manni dankbar an.

Dann blinzelten seine Augen über den Brillenrand hinweg in Olga Adamskis verblüfftes Gesicht, als er sagte: »Wir besprechen das anderswo, und zwar heute Abend im ›Uerigen‹.«

Jetzt zeigte sich auch auf ihren Wangen eine leichte Röte, und noch bevor sie etwas entgegnete, nickte schon ihr Kopf. »Gutt.«

Gleich darauf herrschte sie Schulze an: »Umdrehen!«

Verdutzt schaute er sich um, begriff dann, dass er nicht sich umdrehen sollte, sondern die Leiche.

»Das interessieren könnte«, zeigte Adamski auf eine kleine Wunde im Rücken der Leiche.

Selbst Schlupkothen beugte sich neugierig hinunter und sah zu, wie Adamski eine Metallsonde in das Loch einführte, damit die Richtung des Wundkanals demonstrierte und anschließend ein Projektil präsentierte.

Es habe im Schulterblatt gesteckt, erklärte die Pathologin, sei aber nicht todesursächlich gewesen.

Manni drehte das Bleigeschoss fachmännisch zwischen den Fingern, hielt es gegen das Licht, knurrte irgendetwas und verstaute es dann in ein Tütchen.

»Was?«, schaute Schlupkothen ihn verblüfft an.

»Könnte 'ne 9-mm-Parabellum sein«, nickte Manni nachdenklich. »Wir benutzen das gleiche Kaliber.«

—

»Ich habe auch noch was anderes zu tun«, maulte Cora, nachdem Murat zum wiederholten Male gefragt hatte, wo ihr Bericht zu den Ereignissen des gestrigen Abends bliebe.

Sie las interessiert den täglichen Lagebericht über die Einsätze der letzten vierundzwanzig Stunden und dort zum zweiten Mal den Passus über die vorläufige Festnahme einer gewissen Sieglinde Schrader wegen Widerstandes gegen die Staatsgewalt.

In ihrer Jackentasche fand Cora die zerknüllte leere Packung ihres Zigarettenpapiers. Siggis Handynummer stand da drauf.

»Wer hat dir denn diesen Vornamen verpasst?«, lachte Cora ins Telefon.

Verdutztes Schweigen antwortete ihr.

»Ich bin's, Caroline Beckers, Kripo Wermelskirchen«, setzte sie nach, erntete ein »Scheißbullen!« und das »Tut, tut …« des unterbrochenen Gespräches.

Beim zweiten Versuch blieb Siggi dran, lehnte aber Coras Bitte ab, ins Kommissariat zu kommen.

»In eure faschistische Bullenfestung kriegt ihr mich nicht mehr rein«, war ihr wörtlicher Kommentar dazu.

»Dann komme ich zu dir. Bist du auf dem Hof?«, fragte Cora und erhielt eine wenig begeistert klingende Zustimmung.

»Bevor du zu dieser linken WG fährst, solltest du das hier lesen«, reichte Murat ein Papier weiter, das Bielstein gerade ausgedruckt hatte.

»Steht seit eben im Netz bei rga-online«, nickte er ihr zu.

Cora überlegte noch, ob der Schrader-Hof eine linke WG wäre, kam zu keiner eigenen Bewertung und erschrak, als ihr Blick auf die Überschrift des Artikels fiel.

»Linke Terrorgruppe übernimmt Verantwortung für Mord an Rechtsradikalen«, stand dort zu lesen. Im Text hieß es dann, dass ein »Kommando Juliane« als Rache für den Brandanschlag in Wermelskichen den Anführer der rechten Mörderbande, den bekannten Nazi Sascha Koslowski, hingerichtet hätte. Das Urteil sei mit einem Kopfschuss vollstreckt worden.

Ungläubig las Cora den dazugehörigen Bericht. Ein Reporter namens Schrader listete die Geschehnisse der letzten Tage auf und musste zugeben, dass er keinerlei Hintergrundinformationen beisteuern könne. Selbst die Polizei hülle sich in Schweigen und mache keine Angaben. Dem Terrorismusexperten der Zeitung sei ein »Kommando Juliane« unbekannt. Der Verfassungsschutz gebe keinen Kommentar ab. Im Zusammenhang mit Wermelskirchen fiel aber dreimal der Name des Rechtsanwaltes Frank von Schliepenstein. Es wurde erwähnt, dass er sich von seiner nationalistischen Partei trennen wolle und eine neue Partei ins Leben rufen werde.

Cora sah Murat an und las in seinen Augen die gleiche Ratlosigkeit, die sich ihrer bemächtigt hatte. Bielstein starrte vor sich hin. Seine Fäuste lagen verkrampft auf der Schreibtischplatte. Weiß traten die Knöchel seiner Finger hervor.

»Schliepenstein«, keuchte er, »den Hund hole ich mir«, und machte Anstalten aufzustehen.

»Langsam, langsam«, drückte Murat ihn in den Stuhl zurück, »lass uns die Sache in Ruhe angehen. Da stimmt was nicht.«

Bielstein wollte aufbrausen, doch Cora bedeutete ihm, sich zu beruhigen. Murat schickte den Text an Schlupkothens Smartphone und schon kurz darauf meldete sich dieser.

»Das mit dem Schuss stimmt«, berichtete er, »aber nicht in den Kopf, sondern in die Schulter, und dieser Treffer war nicht tödlich.«

Überdies habe Mannis vorläufiges Gutachten nach Betrachtung der gesicherten Fingerabdrücke ergeben, dass der Tote tatsächlich Sascha Koslowski sei, fügte er noch an.

Murat war sich nun sicher, dass seine Überlegungen vom Vortag stimmten: Sascha sollte ermordet werden, konnte aber flüchten, erhielt einen Schuss in den Rücken und wurde dann von der ankommenden Regionalbahn in die Wupper geschleudert.

Wenn wiederum Coras Informationen stimmten, war es ziemlich unwahrscheinlich, dass Sascha den Brandanschlag verübt hatte.

Die anderen stimmten ihm zu. Offensichtlich existierte eine Gruppe, die Selbstjustiz übte. Allerdings haben sie den Falschen erwischt. Wussten sie nicht, dass Sascha die Seiten gewechselt hatte, oder war es Zufall?

»An einen Zufall glaube ich nicht«, meinte Cora, »Sascha wurde zum Schaberg hinbestellt.«

Als der Name Schaberg fiel, erinnerte Murat sich an die Aussage der Serviererin, die ein Motorrad mit Kölner Kennzeichen gesehen hatte, das am Morgen nach der Tat verschwunden war. Vielleicht ist das eine Spur, sinnierte er.

»Apropos Köln«, brachte Bielstein sich wieder ein, ohne gleich loszubrüllen.

Er kramte in den Stapeln Ausdrucke, die seinen Schreibtisch bedeckten, und fand nach einigem Suchen das Fotos, das die Autobahnpolizei ihm übermittelt hatte.

Er habe mal die Blitzanlagen der Umgebung checken lassen. Die beiden in der Stadt am Arnzhäuschen und am Finkenholl hätten nichts Besonderes ergeben. An der A1 an der Talbrücke Einsiedelstein stehe aber auch eine, und da sei gestern Abend, kurz nach dem Überfall auf Murat, einer mit knapp 130 km/h durchgerauscht.

Leider war es das letzte Foto auf der Filmrolle der Kamera und deshalb nur zur Hälfte abgelichtet.

Drei Augenpaare betrachteten interessiert die grobkörnige Schwarz-Weiß-Aufnahme.

Das könnte ein dunkler Opel sein und vom Kennzeichen war mindestens ein K wie Köln zu erkennen – vom Fahrer leider nicht viel. Er hatte ein Basecap so tief heruntergezogen, das kein Gesicht zu sehen war, allenfalls eine Art Doppelkinn.

»Mhm«, brummte Murat. Cora dagegen konnte sich vorstellen, durchaus einen der Angreifer vom Parkplatz des Kattbistros abgebildet zu sehen.

»Da war so ein großer, feister Kerl mit Kappe dabei gewesen«, meinte sie.

»Also Köln«, legte Murat den nächsten Ermittlungsschritt für sich selbst fest.

Cora wollte nicht glauben, dass er tatsächlich den polizeilichen Staatsschutz kontaktieren wollte, wo er doch eine

Zusammenarbeit mit denen ausgeschlossen hatte.

Sein Freund Klaus sei nicht »der« Staatsschutz, sondern nur beim Staatsschutz und überdies ein echter Freund, der interne Informationen für sich behalten könne – und überhaupt, wenn es denn weiterhälfe …

»Schon gut, schon gut«, lachte Cora, »Konsequenz zählt auch nicht zu den Dogmen, die es einzuhalten gilt.«

Murat überhörte die ironische Anspielung und beauftragte Bielstein, sich an den Reporter Schrader ranzumachen und ihm dieses ominöse Bekennerschreiben abzuluchsen.

»Einen Beschlagnahmebeschluss werden wir wohl kaum erhalten. Wenn er es dir nicht freiwillig gibt, versuche wenigstens, das Schreiben zu lesen, besser noch mit deinem Handy zu fotografieren.«

Damit zogen sie alle drei los. Für den Mittag verabredeten sie sich wieder im Büro.

—

Cora steuerte das Gatter des Schrader-Hofes an und wurde – wie schon bei ihrem ersten Besuch – von dem riesigen Wachhund erwartet. Diesmal saß er ruhig hinter der Umzäunung und blickte ihr mit wachen Augen und aufgestellten Ohren entgegen.

»Dich kenne ich«, interpretierte Cora seine Haltung, und da auch der buschige Schwanz wedelte, wagte sie es, einzutreten.

Der Hund schnüffelte an ihrer ausgestreckten Hand und trottete gemächlich zum Haus zurück. Nora hielt der Besucherin die Tür auf.

Erst als Nora den selbst angesetzten Brombeerlikör auftischte, zeigte Siggi sich etwas kommunikativer. Anfangs bestand ihr Redebeitrag vor allem aus einem Wort: »Scheißbullen«.

Langsam wurde sie gesprächsbereiter und erzählte, dass sie am Vorabend bereits vor dem Überfall der Nazis das Konzert verlassen hatte.

Sie hatte versucht, per Anhalter zum Schrader-Hof zu gelangen. Bis zur Burger Straße hatte sie sich zu Fuß gequält, bis endlich jemand ihren ausgestreckten Daumen zur Kenntnis nahm und neben ihr anhielt. Durch das offene Beifahrerfenster grinste ihr ein Gesicht entgegen. Siggi lächelte zurück und wollte ihren Spruch loslassen, um zu fragen, ob sie bis Sellscheid mitfahren könne. Das Grinsen im Auto wurde noch breiter, und erst jetzt erkannte Siggi das dazugehörige Gesicht. Ihr Lächeln erlosch. Sie rannte los. Mit zitternden Händen nestelte sie ihr Handy hervor und tippte die 110 ein, die sie freiwillig nie anrufen würde. »Ich werde überfallen, Nazis!«, schrie sie ins Telefon. »Wo?«

»Ich weiß nicht«, schaute sie sich hektisch um, »Richtung Autobahn, Kreisverkehr, ich glaube, Burger Straße.«

»Hä, hä, hä, Siggi flennt die Bullen an«, grölten die drei Burschen im Auto und fuhren gemächlich neben dem Mädchen her.

Einen einzigen Streifenwagen hatte man Kocher zugestanden, damit er die Aufrechterhaltung der öffentlichen Ordnung im gesamten Bezirk gewährleisten konnte. Alle übrigen Beamten und Fahrzeuge befanden sich im Einsatz um den Schwanenplatz. Als Siggis Notruf bei ihm auf der Wache einging, beorderte er den Wagen zurück, setzte den

Streifenführer auf seinen Platz und sich selbst neben dem jungen Fahrer auf den Beifahrersitz.

»Lass langsam angehen«, ordnete er an, »wir haben alle Zeit der Welt.«

Vor Wut heulend saß Siggi auf der Straße, als sie endlich den Ort des Überfalls erreichten. Nur war außer ihr weit und breit niemand zu sehen.

»Ihr Faschistenschweine. Ihr habt mich extra hängen lassen!«, schrie sie Kocher entgegen. Mit ihrem blutgetränkten T-Shirt wischte sie sich durchs Gesicht und verschmierte es umso mehr. Der immer noch aus ihrer Nase laufende rote Rotz vermischte sich mit ihren Tränen. Das linke Auge nahm bereits eine bedenkliche Schwellung an.

Kocher griff unnötig hart zu und riss das schmächtige Mädchen in die Höhe. Mit der anderen Hand versetzte er ihr eine deftige Ohrfeige.

»Das war die straflos spontane Erwiderung einer Beleidigung«, grinste er ihr ins Gesicht. Gleich darauf heulte er auf. Siggis klobiger Boot hatte sein Gemächt schmerzhaft getroffen.

Der junge Kollege stand derweil mit roten Ohren neben dem Streifenwagen und schaute beschämt zu Boden.

Siggi drückte ein frisches Eispäckchen auf ihr geschundenes Auge. Das andere reichte aus, Cora böse anzublicken. Cora konnte nun wirklich nichts dafür, dass Siggi die restliche Nacht in einer Zelle verbringen musste. Sie versprach aber, sich darum zu kümmern und der Angelegenheit nachzugehen.

»Dafür kann ich mir jetzt auch nichts mehr kaufen«, nuschelte Siggi. Ihre Zähne hatten bei der nächtlichen

Attacke auch gelitten.

Cora setzte sich endlich, schaute Nora an und musste ihre Augen gleich wieder abwenden. Noras Blick ging ihr zu tief in ihr Innerstes.

Leise sagte sie ins Leere hinein: »Sascha ist tot, wahrscheinlich ermordet.«

Allzu betroffen schien niemand zu sein. Das »Scheiße«, Siggis Kommentar dazu, wurde von Nora mit einem Kopfnicken bekräftigt.

»Sonst habt ihr nichts dazu zu sagen?«, blickte Cora die beiden ungläubig an. »Wer steht hinter dem ›Kommando Juliane‹?«

Als Cora darauf nur fragende Blicke erntete, erzählte sie von dem Bekennerschreiben.

Wenn Cora damit andeuten wolle, irgendjemand aus Julies Freundeskreis habe sich zu einem Mordkomplott zusammengefunden, sei das absurd.

Nora wurde richtiggehend wütend.

Allein der Gedanke sei infam. Nur weil sie hier ein alternatives Wohnprojekt praktizierten und Kontakt zu Autonomen hätten, seien sie doch keine linken Terroristen oder hätten Verbindung zu ihnen. Ganz zu schweigen von diesem blöden Namen »Kommando Juliane«. Dass Julie mit richtigem Vornamen Julia heißt, wüsste jeder – aber Juliane?

»Es ist besser, wenn du jetzt gehst«, blitzte Nora die verdutzte Cora an, die mit ihrer Frage gar nichts hatte unterstellen wollen – einer ganz normalen Frage, die sie im Laufe ihrer Ermittlungen noch vielen Leuten stellen würde.

Rechtfertigen wollte sie sich nicht. Sie stand einfach auf und ging.

Zu ihrer Überraschung begleitete Siggi sie zum Tor.

»Ich will nicht in den Knast oder in irgendein Heim«, platzte es aus ihr heraus. »Wenn du mir hilfst, höre ich mich um und melde mich bei dir.«

Cora nickte. »Gehört der Hof eigentlich deinen Eltern?«, fragte sie.

»Meinen Großeltern. Hab' keine Eltern«, murmelte Siggi.

Cora strich ihr über die Wange, so wie man ein kleines Mädchen tröstend streichelt.

»Lass das!«, zuckte Siggi zurück, »ich steh' nicht auf Frauen.« Ihre geknurrte Abwehrreaktion ließ den Hofhund eine Angriffsstellung einnehmen.

Cora schloss schnell das Gatter von außen und atmete tief durch. Ohne sich noch einmal umzublicken, stieg sie kopfschüttelnd in ihren Wagen ein. War sie die Ursache all dieser Missverständnisse?

Beim Wenden ihres Peugeots sah sie Siggi im Rückspiegel, die noch immer am Tor stand. Eine Hand kraulte den Hund, die andere hob sich zaghaft wie zum Gruß.

—

Bis zu den Redaktionsräumen des Generalanzeigers in der Kölner Straße war es nicht weit. Bielstein ging den Weg zu Fuß. Er musste seine Gedanken sortieren, das vernebelte Gehirn lüften.

In dem Team, das Murat zusammengestellt hatte, war er das fünfte Rad am Wagen. Sie wollten ihn nur unter Aufsicht halten und mit Nebensächlichkeiten beschäftigen. Er spürte ihre verstohlenen mitleidigen Blicke, wenn sie von Julia sprachen. Cora hinterging ihn. Ohne sein Wissen hatte sie Kontakt zu Julia aufgenommen. Fortan würde er alleine jeden Mittag nach Aachen fahren. Um Erlaubnis würde er Murat nicht fragen. Ohnehin behandelten sie ihn wie einen Hiwi.

Bielstein kickte ärgerlich eine Bierdose, die mitten auf dem Bürgersteig lag, auf die Fahrbahn.

Dieser Murat schien ihm sowieso ein Paragrafenreiter zu sein, und der Computerheini Schlupkothen spielte den alerten Assistenten, sah aber aus wie ein Penner. Sie wussten doch, dass die Nazis hier in der Stadt auf dem Kriegspfad waren. Sie hatten doch eine Namensliste der sogenannten Kameradschaften und sie hatten Fotos von ihnen. Warum konnten sie sich nicht einen nach dem anderen holen und in die Mangel nehmen? Einer würde bestimmt singen und ihnen verraten, wer den Mordanschlag auf seine Julia verübt hatte und wer überhaupt hinter dem Ganzen steckte.

Bielsteins grauer Haarkranz klebte schweißnass am Kopf. Auf der Glatze darüber perlte Schweiß. Er merkte, dass er zitterte. Bevor er das Haus Nummer siebzehn betrat, atmete er einmal tief durch.

In den Redaktionsräumen traf er auf einen hektischen Schrader. Der stand so unter Stress, dass er Bielsteins Gemütszustand nicht bemerkte. Was Bielstein wollte, verstand er gar nicht.

Nachdem sie eine Zeitlang aneinander vorbei geredet hatten, war klar, dass es kein Bekennerschreiben gab, nur den Text, wie er in der Zeitung stand.

Dieser Text war per E-Mail übermittelt worden, und zwar offensichtlich von dem gleichen anonymen Absender, der vor einigen Tagen auch die Morddrohung gegen den Rechtsanwalt Schliepenstein gesendet hatte.

Dem IT-Experten des Verlages sei es nicht gelungen, einen

Absender zu identifizieren. Der entsprechende Server stünde auf den Cayman-Inseln.

Im Übrigen habe Schrader sich zwischenzeitlich umfangreiche Infos über die bergische Naziszene verschafft, und da werde immer wieder ein gewisser Sascha Koslowski als Anführer benannt; aber auch ein Benjamin Schlüter.

»Da sind Sie wohl nicht auf dem neuesten Stand«, meinte Bielstein, ließ sich zu weiteren Erklärungen aber nicht hinreißen.

»Wie auch immer«, plapperte Schrader weiter, »ich habe den Schliepenstein angerufen.«

Schliepenstein habe völlig unwissend getan und ein Statement gegen linke und rechte Gewalt gleichermaßen abgegeben. Schrader könne ruhig in seiner Zeitung schreiben, dass er, Schliepenstein, gegen jedwede Gewalt sei und mit seiner neuen Partei offensiv dagegen angehen werde. Es sei an der Zeit, die konservativen Kräfte des Landes zu sammeln, um den Chaoten Paroli zu bieten. Das habe er auch schon der BILD-Zeitung gesagt. Im Übrigen müsse er jetzt Schluss machen, denn er habe einen Termin im WDR-Studio.

»So, so«, murmelte Bielstein nur.

Während der ganzen Zeit klingelten drei Telefone ununterbrochen.

»Meine Redaktion hat entschieden, die Meldung an DPA weiterzugeben. Hier ist die Hölle los«, entschuldigte Schrader sich und eilte zum nächsten Schreibtisch.

»Na denn«, drehte Bielstein sich unschlüssig um. Neuigkeiten waren hier wohl nicht zu erfahren.

Sein Blick blieb auf einem Fotoausdruck auf Schraders Schreibtisch hängen.

Drei Männer in den typisch weißen Anzügen der Kriminaltechniker beugten sich über eine am Boden liegende Person an einem Flussufer.

Bielstein zückte sein Handy; aber Schrader bekam es mit. Schnell wischte er das Foto vom Tisch in eine Schublade.

»Kam zusammen mit der E-Mail«, sagte Schrader, »wird aber nicht veröffentlicht. Auch Sie bekommen es nicht.«

Bielstein wandte sich mit einem Schulterzucken ab.

»Es sei denn …«, Schrader ließ den Halbsatz nachklingen.

»Was?«

»Es sei denn, Sie sagen mir, was es mit dem Toten aus der Wupper auf sich hat. Ist es womöglich der ermordete Nazi? Und wenn ja, dieser Sascha Koslowski?«

»Kein Kommentar«, sagte Bielstein und ging endgültig.

Murat traf sich unterdessen in Köln mit seinem Freund Klaus. Wie er sich bereits Cora gegenüber gerechtfertigt hatte, war Klaus zwar beim polizeilichen Staatsschutz, aber vor allem war er ein Freund, und Murat konnte ein offenes Wort mit ihm reden, ohne dass davon gleich etwas in den Akten erschien.

Deshalb saßen sie auch nicht im Polizeipräsidium zusammen, sondern unternahmen einen Spaziergang den Rhein entlang.

Klaus zeigte sich über die Vorkommnisse in Wermelskirchen bestens informiert. Er wusste nur noch nicht, dass Murats Wasserleiche Sascha Koslowski war. Und was den angeblichen Kopfschuss betraf, wie er in dem Bekennerschreiben stand, in Wirklichkeit aber ein nicht tödlicher Schulterschuss gewesen war, zeigten sich beide verwundert.

»Das kann doch nur eines bedeuten«, überlegte Murat laut: »Der erfolglose Attentäter hat seinem Auftraggeber verschwiegen, dass Sascha nicht durch ihn, sondern durch das Touchieren mit dem Zug zu Tode kam.«

»Wir könnten uns diesen Umstand zunutze machen«, war Klaus' Vorschlag, »die Presse wird euch in Wermelskirchen sowieso nicht in Frieden lassen. Die werden immer wieder nachfragen oder anfangen, selber zu spekulieren.«

Murat verstand, was Klaus meinte. Er würde also eine Pressemeldung herausgeben, in der es hieße: »Nach dem Fund einer Wasserleiche untersucht die Kriminalpolizei Wermelskirchen die Hintergründe des Todes. Sascha K., ein bekanntes Mitglied der Bergischen Kameradschaften, wurde offensichtlich mitten auf der Müngstener Brücke von einem Regionalzug erfasst und in die Wupper geschleudert. Auf einen linksterroristischen Anschlag deutet nichts hin. Ein Zusammenhang mit dem kürzlich erfolgten Brand des Autonomen Jugendzentrums wird ebenfalls nicht gesehen. Die Polizei ermittelt aber in alle Richtungen und fordert mögliche Zeugen auf, sich zu melden.«

Klaus war einverstanden. Die Freunde hofften, damit einige Irritationen bei den Hintermännern der Anschläge hervorzurufen.

»Das wird Gerede in der Szene geben«, meinte Klaus. »Ich habe recht gute Kontakte und kann vielleicht etwas erfahren.«

Zu Murats Ärger erzählte er dann, dass nach dem Bekanntwerden des Bekennerschreibens wahrscheinlich das BKA die Ermittlungen an sich ziehen werde. Dort sei übrigens ein angebliches »Kommando Juliane« nicht bekannt.

»Der ganz große Bahnhof also«, seufzte Murat. Er sah sich schon als Hilfsermittler des BKA an irgendeinem Schreibtisch sitzen und Berichte tippen. Er überlegte, wie er sich das ersparen könnte.

»Was ist mit dem Verfassungsschutz? Die hängen sich doch bestimmt auch da rein«, wollte er von Klaus wissen.

Das sei ein Thema für sich. Mit Sicherheit würden die auch ermitteln. Die hätten auch V-Leute in der linken wie der rechten Szene.

»Aber krieg mal von denen eine vernünftige Information, die dir weiterhilft. Das kannst du vergessen. Selbst seit es diesen neuen Zusammenarbeitserlass gibt, hat sich an deren Geheimniskrämerei nicht viel geändert.«

»Wie auch immer«, meinte Murat, »ich versuche, mich da rauszuhalten, und untersuche offiziell nur den Tod einer Wasserleiche. Wenn sie mir die wegnehmen und vielleicht auch noch den Brandanschlag, bleiben mir immer noch die Ermittlungen zu dem Überfall auf mich selbst.«

Das war etwas, was Klaus noch nicht wusste. Murat erzählte es ihm und auch, dass er darüber bisher nichts in seiner Akte erwähnt habe. Er rechne die Täter der rechten Szene zu und vermute, dass die Schläger aus Köln gekommen waren.

Viele der sogenannten Kameradschaften aus dem Bergischen seien auch in Köln aktiv und umgekehrt, meinte Klaus.

»Ich glaube, die Kameradschaften werden zentral gesteuert. Eindeutige Beweise fehlen mir aber genauso wie auch dir,« sagte er, »wobei ich an einen Rechtsanwalt denke, der bei euch in Wermelskirchen praktiziert.«

»Du meinst diesen von Schliepenstein«, nickte Murat.

»Seinen Namen habe ich jetzt schon mehrfach im Zusammenhang mit rechtsradikalen Aktionen gehört.«
Schliepenstein sei ein ganz schlimmer Populist, der den Leuten nach dem Schnabel rede und sie so für seine Interessen gewinnen wolle, bestätigte Klaus.
»Hier in Köln ist er des Öfteren für Pro NRW als Hetzredner aufgetreten.«

Eine Weile schlenderten die Freunde nur nebeneinanderher und schauten auf den Fluss, dessen Wellen sich im aufkeimenden Wind kräuselten und die vorbeiziehenden Schiffe schlingern ließen.
Klaus kam dann noch einmal auf die Kameradschaften zu sprechen. Die Szene sei ziemlich zerstritten, führte er aus. Auf der einen Seite gebe es die alten Nazis, zu denen aber auch junge Leute gehörten. Die schmetterten immer noch die Parolen der Nazipartei, von der Schliepenstein sich getrennt habe. Auf der anderen Seite gebe es die sogenannte neue Rechte. Dazu gehören zum Beispiel die gewaltbereiten Bergischen Kameradschaften, die aber keineswegs mehr so aussehen, wie man sich rechte Jugendliche vorstellt. Sie kleiden sich fast wie die linken Autonomen, sind mit ihren Outfits kaum von den Linken zu unterscheiden. Diese Gruppierung habe offensichtlich ein Führungsproblem.
Zwar habe er selbst keinen V-Mann in der Szene; aber einen guten Draht zu einem der Verfassungsschützer, der für das bergische Gebiet zuständig sei.
»Mit dem möchte ich gerne sprechen«, unterbrach Murat.
»Er aber nicht mit dir. Das kann ich dir jetzt schon sagen.«
Murats Wasserleiche, so drückte Klaus sich aus, also dieser Sascha Koslowski, war einer der Anführer der Kame-

radschaften gewesen. Er hatte den Vorteil, aus dem Bergischen zu kommen. Außerdem sei das ein intellektueller Bursche gewesen, dem Benjamin Schlüter nicht das Wasser reichen konnte.

Seit Koslowski aber urplötzlich aus der Szene verschwunden sei, habe sich Schlüter an die Spitze der Bewegung gesetzt. Er sei eine absolute Ausnahmeerscheinung unter seinesgleichen. Er kleide sich klischeehaft nach Art der alten Nazis, sei mit Symbolen tätowiert und ein Hüne von Gestalt, aber ein Zwerg im Geiste. »Ein ganz übler Schläger und Einpeitscher«, schloss Klaus seine Ausführungen.

»Was ist mit den Linken?«, wollte Murat noch wissen. »Wer hat da das Sagen?«

Klaus meinte, dass er das nicht richtig beantworten könne. Eine ausgesprochene Führungspersönlichkeit sei ihm nicht bekannt, und was deren Gewaltbereitschaft betreffe, könne man der Statistik nicht unbedingt glauben.

Zwar gebe es auch von dieser Seite einige Gewalttaten; aber die gingen eher von chaotischen Jugendlichen aus, die jede Gelegenheit nutzten, sich gegen die Staatsmacht, explizit gegen die Polizei, aufzulehnen.

»Widerstand und Verstöße gegen das Versammlungsgesetz sind bei denen die typischen Delikte, vielleicht noch Sachbeschädigungen«, gab Klaus seine Einschätzung preis.

Einen Mord würde er ihnen nicht zutrauen, jedenfalls keinem aus dem hiesigen Bezirk.

Die Freunde beschlossen, inoffiziell in Kontakt zu bleiben. Kurz darauf war Murat schon wieder auf dem Rückweg nach Wermelskirchen.

—

Während Cora mit ihrem Peugeot vor dem Schrader-Hof rangierte, um den größten Schlaglöchern auszuweichen, klingelte ihr Handy.

»Ich geh' da nicht hin.«

Die weinerlich dünne Stimme ließ sie an Bielstein denken. Doch war es Koslowski, der anrief. Es brauchte einen Augenblick, bis sie begriff, was er meinte.

Die Rechtsanwältin, zu der Koslowski auf Coras Empfehlung hingehen sollte, arbeite in der gleichen Kanzlei, in der auch Schliepenstein tätig sei. Mit diesem rechten Demagogen wolle er nichts zu tun haben.

Cora redete wie auf ein kleines Kind ein und überzeugte ihn schließlich, da dies eine große Kanzlei sei und Patrizia von Schuchnitz eine kompetente Anwältin, die mit Sicherheit nichts mit diesem Schliepenstein zu tun habe.

»Ich habe Sie persönlich dort angemeldet und um einen schnellen Termin gebeten«, duldete Cora keinen weiteren Widerspruch. Koslowski gab sich unter Protest geschlagen und sagte zu, den Termin wahrzunehmen.

Im Büro der Rechtsanwältin zeigte er sich zunächst verwirrt. Einige Juristenbüros hatte er in früheren Jahren kennengelernt. Die Juristen, mit denen er dort zu tun hatte, waren in seinen Augen stinkkonservative Paragrafenreiter mit rechthaberischer Mentalität.

Ungläubig schaute er sich in dem hellen Raum um, dessen Fensterbänke mit blühenden Blumen bestückt waren. Die Wände zierten bunte Bilder und Plakate, deren Motive auf vergangene Ausstellungen der Museen in Köln, Düsseldorf und Wuppertal hinwiesen. Auf dem Schreibtisch der Anwältin stand ein kleiner Buddha neben einer modernen Engelsdarstellung.

Lächelnd kam die Frau auf ihn zu und stellte sich als Pat vor. »Stephan, setzen Sie sich doch bitte«, zeigte sie auf einen Ledersessel.

Koslowski platzierte sich auf die vordere Kante. Seine vor der Brust verschränkten Arme signalisierten sein Unbehagen. Ob sie jeden gleich mit Vornamen anspreche, wollte er wissen. Ein klein wenig Aggression schwang in der Frage mit.

»Nur Menschen, die mir sympathisch sind.«

Ihre Worte klangen offen und ehrlich. In Koslowskis Weltbild passten sie nicht. Als sie sich dann auch noch über seine Probleme mit der Bahn und selbst sein Privatleben informiert zeigte, verkrampfte er noch mehr.

Er sollte ihr beschreiben, was genau auf seiner verhängnisvollen Fahrt über die Müngstener Brücke passiert sei.

Stockend begann er mit leiser Stimme zu erzählen, wie er den Bahnhof Güldenwerth verlassen hatte und sich nun der Brücke näherte. Mit jedem Satz wurde er lauter, wollte das dumpfe Pochen in seinem Inneren übertönen. Sein Atem ging immer schneller. Deutlich spürte er wieder den schwarzen Ball in seiner Magengegend. Sein verzweifelter Versuch, ihn zu ignorieren, ließ ihn nur noch mehr wachsen.

Mitten im Satz verdrehten sich seine Augäpfel nach oben, ließen ein schmutziges Weiß erblicken. Koslowski rutschte aus dem Sessel und tauchte mit der Ohnmacht in ein schwarzes Loch ab.

Nur Sekunden währte dieses Gefühl. Eine Plastiktüte umhüllte seinen Kopf. Sein heftiger Stoßatem blies die Tüte auf und das ebenso heftige Einatmen sog das widerlich riechende Plastik gegen seinen Mund.

Um sich schlagend rappelte er sich halb hoch und riss die

Tüte vom Kopf: »Wollen Sie mich umbringen?«, keuchte er.

Das Lächeln des Gesichtes über ihm war verblieben; aber eine Sorgenfalte hatte sich eingeschlichen.

»Sie haben hyperventiliert«, sagte Pat beruhigend. »Bei ihrer Suspendierung und dem Disziplinarverfahren kann ich Ihnen helfen. Mir scheint allerdings, Sie haben eine massive Angstpsychose entwickelt.«

Koslowski wollte aufbrausen. Was weiß die denn von meiner Psyche? Dann zog er sich aber nur matt in den Sessel zurück.

Pat schrieb ein paar Notizen auf den Block vor ihr und stellte formale Fragen zu seinem Verfahren. Nach einer guten Stunde verabschiedete Koslowski sich mit dem Versprechen, unverzüglich den Psychologen aufzusuchen, dessen Adresse Pat ihm auf einen Zettel geschrieben hatte.

Müde ging er nach Hause. Nach dem ersten Genever war ihm sein Versprechen schon schnuppe. Er brauchte keinen Psychologen, eher einen zweiten Aufheller aus der Flasche.

Als es an der Wohnungstür klingelte, beachtete er es nicht. Beim dritten Klingeln öffnete er doch und ließ Bielstein und Schlupkothen hinein. Letzteren kannte er nicht, wollte aber auch gar nicht wissen, wer er sei.

Bielstein schenkte sich ungefragt ein Glas aus der offenstehenden Flasche ein. Er stürzte es hinunter, schenkte nach und sagte: »Dein Sohn ist tot. Schlupkothen dort war bei der Obduktion. Sie haben Sascha identifiziert.« Dabei zeigte er auf seinen Kollegen.

Koslowski sagte nichts. Er schaute auf Schlupkothen, der mit dem Rücken zu ihm stand und aus dem Fenster starrte. »Beileid«, murmelte der. Sonst hatte auch er nichts zu sagen.

»Ach, Stephan«, Bielsteins Stimme kippte, »was haben wir nur getan, dass all dieses Unglück über uns kommt?«

»Nichts, wir haben nichts getan. Die haben unsere Kinder ermordet und verbrannt. Was kriegen die, wenn ihr die je findet? Ein paar Jahre Knast; aber mein Sohn bleibt tot. Ich hätte gerne noch einmal mit ihm gesprochen.«

Koslowski saß aufrecht in seiner Couchecke. Den alten Mann hatte er abgelegt. Seine Hand knallte auf Bielsteins Schulter. Tränenverschleiert schaute Bielstein auf.

»Ein paar Jahre Knast sind nicht genug – das ist nicht genug. Holger Bielstein, wach auf! Tu was!«

Bielstein konnte nicht mehr. Er zitterte am ganzen Körper und schämte sich deswegen.

Schlupkothen beobachtete die beiden Männer kopfschüttelnd. Bielstein, das Häufchen Elend, und Koslowski, der plötzlich den starken Mann mimte.

»Cora lässt ausrichten, der Psychologe wartet auf Sie. Kommen Sie, ich fahr' Sie hin.«

Er schob Koslowski zur Tür. Bielstein ließen sie mit der Flasche Genever alleine zurück.

Die Rechtsanwältin hatte Cora über den Vorfall in ihrem Büro informiert. Sie riet dringend dazu, Koslowski sofort zu dem Psychologen bringen zu lassen. Damit wurde Schlupkothen beauftragt. Der wusste, dass dieser Psychoheini ein Freund der Anwältin war und dazu noch ein ehemaliger Kollege. Beiden Typen misstraute er.

Als er Koslowski aber in Hückeswagen vor dem alten Fachwerkhaus absetzte und Sven Holländer ihn mit einem offenen Lächeln begrüßte, beschloss er, ihn sympathisch zu finden.

Beruhigt fuhr er zurück ins Büro und beließ den alten Mann in der Obhut des Psychologen.

—

Murat brachte einen Packen Fotos aus Köln mit. Klaus hatte sie ihm zur Verfügung gestellt. Sie zeigten bekannte Aktivisten aus der Naziszene. Benjamin Schlüters Bild befand sich unter ihnen. »Wird ›Benni‹ genannt«, stand auf der Rückseite des Fotos.

Je länger Cora darauf schaute, desto sicherer wurde sie sich, diesen bulligen Mann bei dem Überfall auf Murat gesehen zu haben.

»Ich habe auch ein interessantes Foto gesehen«, meldete Bielstein sich zu Wort. Schweren Herzens hatte er sich von der Geneverflasche in Koslowskis Wohnung getrennt und sich wieder im Team eingefunden.

Er berichtete von dem Bild, das er in Schraders Redaktionsbüro gesehen hatte und von dem Schrader sagte, es sei zusammen mit dem Bekennerschreiben übersandt worden.

Schlupkothen war inzwischen auch wieder eingetroffen. Er benötigte eine Weile, um sich in dem Stimmengewirr einzubringen. Für ihn stellte sich die Herkunft des Fotos klar dar.

»Niemand konnte wissen, dass wir eine Leiche in der Wupper gefunden hatten.«

Er überlegte kurz, nickte dann und sagte: »Ja, so war es. Murat überspielte mir das Tattoo von dem angeschwemmten Arm im Klärwerk Glüder. Ich nannte ihm mehrere Namen. Kurz darauf meldete mir die Tauchergruppe den Leichenfund in der Wupper. Ich rief auf der Wache in Wermelskirchen an und erklärte die Sachlage. Dabei kündigte ich Murats Besuch an. Der Kollege, mit dem ich sprach, kannte also den Fundort der Leiche. Gesprochen hatte ich mit einem ...«

»Kocher«, unterbrach Murat ihn.

»Ja, genau, so hieß der Mann«, bestätigte Schlupkothen. Murat rekapitulierte, dass Kocher jetzt schon mehrmals aufgefallen sei. Man müsse einmal überprüfen, ob er möglicherweise in irgendeiner Verbindung zu den Rechten stehe.

Schrader habe ihm erzählt, so Bielstein wieder, dass Kocher während der Rede Schliepensteins im Bergischen Haus in der ersten Reihe gesessen habe.

»Das heißt noch nichts«, warf Murat ein. »Der Staatsschutz war auch dort gewesen.«

Bielstein fiel noch etwas ein, was Schrader gesagt hatte. Bei Schliepensteins Vortrag nämlich sei ihm der Gedanke gekommen, dass diesem die Gewalt der letzten Tage sehr entgegenkäme. Dadurch könne er sie öffentlich anprangern und sich selbst als Retter präsentieren, der mit einer starken Partei im Rücken dagegen angehen würde.

»Das mag alles sein«, warf Murat ein. »Wir dürfen aber nicht aus den Augen verlieren, dass es ein Bekennerschreiben einer linken Terrorgruppe gibt. Es kann genauso gut sein, dass sie das Foto geschossen haben, weil sie den ganzen Tag in der Gegend herumlungerten und auf das Auffinden der Leiche warteten.«

Die nächsten Minuten hingen alle ihren Gedanken nach. Einige bedienten sich an der Kaffeemaschine. Cora verließ den Raum und winkte Murat vom Flur aus, ihr zu folgen.

»Auch ich habe heute etwas gehört, was mir nicht mehr aus dem Kopf geht«, zog sie Murat in ein leeres Büro. »Nora vom Schrader-Hof, eine Freundin Julies, sagte, dass alle ihre Freunde ›Julie‹ zu ihr sagen, obwohl sie wissen, dass ihr richtiger Name ›Julia‹ lautet. Dass sie tatsächlich aber ›Juliane‹ heißt, war ihnen nicht bekannt. ›Wahrscheinlich wusste das nur ihr Vater‹«, sagte sie wörtlich zu mir. Murat sah überrascht auf.

»Ich musste dir das im Vertrauen sagen«, entschuldigte sich Cora. »Ich kann mir zwar nicht vorstellen, dass Bieli irgendetwas mit Saschas Tod zu tun hat; auf der anderen Seite verhält er sich aber recht merkwürdig und ist voll auf rechte Attentäter fixiert, obwohl wir noch gar nichts Definitives wissen.«

»Ja, ›Kommando Juliane‹ klingt seltsam«, bestätigte Murat. »Andererseits kann aber auch jemand, der Zugriff auf das Melderegister hat, den vollständigen Namen dort erfahren haben. Wie auch immer, es war richtig, diese Information nur mir mitzuteilen«, legte er seine Hand auf Coras Schulter.

Zurück im Büro teilte Schlupkothen mit, dass soeben Murats Freund aus Köln angerufen habe. Er habe einen Hinweis erhalten, wonach Benni Schlüter zusammen mit drei anderen unterwegs nach Wermelskirchen sei. Sie führen mit einem alten schwarzen Opel Astra mit Kölner Kennzeichen.

»Bingo«, sagte Cora, »ich wusste es.«

»Ich fürchte, die beginnen jetzt einen Feldzug gegen jeden, der ihnen irgendwie links erscheint, um ihren Kumpel Sascha zu rächen«, äußerte Klaus seinen Verdacht, als Murat bei ihm zurückrief.

Zwei seiner Leute seien aber an dem Opel dran. Wenn sich irgendetwas ereignete, würde er sich melden.

Der schöne Frühlingstag neigte sich dem Ende zu. Langsam tastete sich die Dämmerung heran. Noch aber versuchte die Sonne, standzuhalten. Im Untergehen zauberte sie einen Rest Rot an den Himmel, das die aufragenden Balken der Brandruine des AJZ erglühen ließ.

Schlupkothen schaute verstohlen auf seine Uhr. Manni sah es grinsend und verkündete, dass sein Kollege eine wichtige Verabredung habe. Murat genehmigte es mit einer lässigen Handbewegung. Schlupkothens Ohren standen dem Glühen des Himmels in nichts nach, als er seine Sachen packte und das Büro verließ.

Manni verabschiedete sich kurz darauf in sein Labor und die verbliebenen drei bedienten sich erneut an der Kaffeemaschine. Sie bereiteten sich auf einen langen Abend vor.

—

Zu dieser Zeit hatte Koslowski eine lange erfolglose Therapiesitzung hinter sich. Da der Psychologe anschließend sowieso nach Wermelskirchen fahren musste, bot er Koslowski an, ihn mitzunehmen.

Der wollte erst ablehnen, dachte dann aber an die umständliche Fahrt mit dem Bus und stimmte widerwillig zu.

Koslowski konnte nicht umhin, diesen Sven Holländer sympathisch zu finden. Was der ihm aber zumutete, ging über seine Hutschnur.

Der knallte ihm Sätze vor den Kopf wie: »Machen Sie nicht ihre Umwelt oder Ihre Mitmenschen für Ihre Gemütslage verantwortlich. Die können nichts dafür. Die können Sie auch nicht ändern. Ändern können nur Sie sich selbst.«

Koslowski wollte gar nichts ändern. Er wollte lediglich wissen, warum er so schnell in Panik verfalle und warum es ihm dabei immer so dreckig ergehe.

»Sie müssen sich Ihren Ängsten stellen«, sagte der Therapeut, und spätestens da hatte Koslowski keinen Gesprächsbedarf mehr. Er wusste sowieso nicht, was er hier erzählen sollte.

Er wollte gehen. Er spürte schon wieder einen Kloß im Hals. Anstatt ihm zu helfen, machte dieser Mann ihm nur noch mehr Angst.

Was weiß der denn schon, was er alles durchmachen muss, welche Ängste er auszustehen hat.

»Sie müssen verstehen lernen, was Angst oder Wut in Ihnen auslöst und was es in Ihnen bewirkt. Ich kann Ihnen höchstens dabei helfen.«

Koslowski verstand nicht, was damit gemeint war. Er sah nur, dass alles immer auf ihn zurückfiel. Als ob er die Wurzel allen Übels sei, obwohl es doch die Umwelt war, die ihm übel mitspielte. Dass er im Büro der Anwältin in Ohnmacht gefallen war, hatte doch nur etwas mit seinem Kreislauf zu tun und mit allem anderen, was in den letzten beiden Tagen auf ihn eingestürmt war – mit diesen Nazis.

Aber der Mann, der ihm da im Sessel gegenübersaß, mit seinen komischen langen Haaren, die er zum Zopf gebunden hatte, und mit diesem verstehenden Lächeln, der ließ ihm einfach keine Ruhe. Der fragte und fragte. Und Koslowski konnte nicht anders. Er musste antworten. Und dann konnte er plötzlich gar nicht mehr aufhören zu reden.

Warum er von seiner Frau sprach und dann von dem vergeblichen Versuch, seinem Sohn ins Gewissen zu reden, konnte er sich selbst nicht erklären. Er war der festen

Überzeugung, dass die Rechten ihm seinen Sohn entfremdet, ihn einer Gehirnwäsche unterzogen hatten.

Holländers Versuche, Koslowski ins Jetzt zurückzuholen, blieben im Ansatz stecken. Koslowski redete sich in Rage. Vergessen seine eigenen Probleme, seine Ängste und sein aus dem Ruder laufendes Nervenkostüm.

Alles, absolut alles, was ihm in den letzten Jahren widerfahren war, führte er auf die Nazis zurück. Die hätten ihm seinen Sohn gestohlen, und nun, da Sascha endlich zur Besinnung gekommen war, sei er ermordet worden.

Holländer konnte sagen, was er wollte, es prallte an Koslowski ab. Er hatte eine Glocke über sich gestülpt, die seine wirren Gedanken gefangen hielten.

Schließlich murmelte er nur noch vor sich hin. Holländer verstand nur Bruchstücke. ›Nazipack‹, ›Dreckspack‹ und ›Lebenslänglich ist nicht genug‹ vernahm er. Er sah keinen Sinn mehr, weiterzumachen. Er rüttelte den zusammengesunkenen Koslowski aus seiner Trance auf und hielt dann einen schluchzenden alten Mann im Arm.

Auf der kurzen Fahrt nach Wermelskirchen zeigte Koslowski sich wie umgewandelt. Er sah ein, mit seinen Nerven völlig am Ende zu sein. Wenn es einen Ausweg gäbe, solle Holländer ihn zeigen. Der versprach es und sagte zu, die abgebrochene Therapie gleich morgen weiterzuführen. Was er nicht sagte, war, dass er an seinem eigenen Ansatz zweifelte. Ein so verwirrter Mensch war ihm selten untergekommen. Er musste sich etwas anderes ausdenken, um Koslowski aus der Spirale seiner verdrehten Gedanken herauszulösen.

—

Sie waren nur zu viert. Ein größeres Objekt als den Schrader-Hof wollten sie sich deshalb fürs Erste nicht vornehmen. Außerdem hatten sie dort noch ihre misslungene Aktion vom letzten Mal auszubügeln. Der verrückte Köter würde sie diesmal nicht stoppen.

Benni hatte den Auftrag, Sascha Koslowskis Laptop nun endgültig in seinen Besitz zu bringen. Wenn dabei möglicherweise ein Kollateralschaden eintrete, so sei das durchaus gewünscht.

Auf Bennis Frage, was genau gewünscht werde, blieb sein Auftraggeber nebulös. Es müsse nicht unbedingt weitere Tote geben; aber alles darunter sei doch wohl machbar. Und wenn dort ein Brand ausbreche, treffe es auch keine Verkehrten.

Bennis Truppe war gut gerüstet. Im Kofferraum lagen zwei gefüllte Benzinkanister, und an ein großes Stück vergiftetes Fleisch hatten sie ebenfalls gedacht. Die Baseballschläger und Schlagringe gehörten sowieso zu ihrer Grundausrüstung.

Bennis Begleiter wussten nichts davon, dass es hauptsächlich um die Erbeutung des Laptops ging. Dessen Existenz war ihnen gar nicht bekannt. Noch weniger, dass Sascha Koslowski sich auf dem Hof versteckt gehalten hatte. Für sie war das Bekennerschreiben der linken Terrorgruppe Motiv genug, zuzuschlagen. Und die dort auf dem Hof lebten, waren doch wohl Linke.

Es galt, einen der ihren zu rächen. Dass Sascha gar nicht mehr zu ihnen zählte, wussten sie ebenso wenig.

Zwar hatte niemand von ihnen eine Ahnung, wer hinter der linken Terrorgruppe steckte; aber das spielte für den Augenblick auch keine Rolle. Benni hatte ihnen erklärt, dass der Schrader-Hof eine Keimzelle der linken Bewegung im Bergischen sei, und das war ihnen Grund genug, einen Anschlag zu verüben.

Verständlicherweise lag Benni nichts daran, sie über die Hintergründe von Saschas Tod aufzuklären.

Für seinen Tod musste Blut fließen, das war die Parole, die ausgegeben wurde, und die Besatzung des schwarzen Opels war fest entschlossen, sie umzusetzen.

Sie kurvten an der Ausfahrt Wermelskirchen von der A1 herunter und stellten sich lachend vor, wie sie den großen Köter gleich ins Nirwana schicken würden.

Den ebenfalls schwarzen Passat, der ihnen seit Köln in geraumem Abstand folgte, bemerkten sie nicht.

Ihren Wagen ließen sie in einem Seitenweg des Wäldchens stehen. Bis zum eigentlichen Hof waren es von dort noch gut 200 Meter, die sie zu Fuß überwinden mussten. Die Dunkelheit hatte sich bereits über die umliegenden Wiesen und Felder gelegt. Deckung gab es nicht, denn auf den Feldern sprossen erst Schößlinge, und der aufgehende Mond machte sie auch nicht unsichtbarer. Sie hatten noch nicht einmal die Hälfte der Strecke zurückgelegt, als sich der verdammte Hund schon bemerkbar machte. Erst hörte es sich an, als wollte er nur sagen: »Ich pass' auf.« Mit jedem Schritt, den sie dem Gehöft näher kamen, gebärdete er sich lauter und drohender.

»Verdammter Mist!«, fluchte Benni verhalten.

Sie berieten sich kurz, dann gab Benni die Marschrichtung vor. Seine Kumpane sollten am Ort verharren. Er selbst würde im großen Bogen um den Hof herumgehen und dann von der anderen Seite her die Aufmerksamkeit des Hundes auf sich lenken.

Er schlich davon. Das vergiftete Stück Fleisch verstaute er in der Tasche seines Parkas, den er heute seiner kurzen schwarzen Jacke vorgezogen hatte. Was auch immer er sich unter »um den Hof herumgehen« vorgestellt hatte – es dauerte zu lange, als dass er die Ereignisse noch hätte beeinflussen können.

—

In einem Büro der oberen Etagen des Polizeigebäudes in Wermelskirchen schien noch Licht. Außer den erleuchteten Wachstuben im Parterre war es das einzige.

Unten musste der Wachdienst aufrechterhalten werden, oben saß Murats kleine Sonderkommission und wartete auf weitere Nachrichten aus Köln.

Das Letzte, was Klaus mitgeteilt hatte, war seine revidierte Einschätzung der Einsatzlage. Seine Leute, die Benjamin Schlüter folgten, hatten gemeldet, dass die rechte Schlägertruppe offensichtlich ein konkretes Ziel anvisierte.

»Die haben ihren Wagen in einem Wäldchen in Sellscheid versteckt und schleichen jetzt auf diesen Schrader-Hof zu, in dem Sascha Koslowski sich versteckt gehalten hatte.«

Murat wusste auch, warum: »Die wollen unbedingt Saschas Computer haben. Glaubst du, dass deine zwei Leute die Lage im Griff haben?«

Die Antwort beruhigte vor allem Cora. Klaus glaubte es nämlich nicht und hatte deshalb kurzerhand ein Sondereinsatzkommando hinterhergeschickt.

Das war vor gut einer Stunde gewesen. Seit dieser Zeit meldete Klaus sich nicht mehr.

Murat fragte telefonisch bei Schlupkothen nach, wie die

Auswertung von Saschas Computer voranschreite. Er erhielt eine bissige Antwort:

»Bin noch nicht dazu gekommen. Im Übrigen bin ich nicht im Dienst. Mein bisschen Privatleben solltest du respektieren und mich wenigstens heute Abend mal in Ruhe lassen.«

»Gernot, das unhöflich ist«, sagte eine Frauenstimme in Schlupkothens Nähe. Kneipengeräusche waren im Hintergrund zu vernehmen.

Verständnislos sah Murat den Telefonhörer an und versuchte sich vorzustellen, wo Schlupkothen denn in drei Teufels Namen gerade steckte.

Bevor er fragen konnte, sagte Schlupkothen schnell: »Ich erkläre es dir morgen. Saschas Handy habe ich aber ans Laufen bekommen. Der Bericht liegt auf dem Schreibtisch.«

Murat fand einen kurzen Bericht vor. Wenn Schlupkothen vor dem Computer saß, konnte er zwar seine Finger über die Tasten fliegen lassen und stand in dieser Kunst keinem Klaviervirtuosen nach, sollte er aber Sätze aufs Papier bringen, versagte er.

Kurz und knapp stand zu lesen, dass er Saschas Handy wieder funktionsfähig machen konnte, die SIM-Karte noch intakt und außer vier Telefonnummern absolut nichts im Apparat gespeichert sei.

Über den Provider hatte er die Nummern identifizieren lassen. Sie bargen keine Überraschung. Der Anschluss vom Schrader-Hof war verzeichnet, Julia Bielsteins Handynummer und ein weiterer Anschluss, den Schlupkothen einer Info-Hotline der Aussteigerorganisation »Exit« zuordnen konnte.

Die vierte Nummer sei nicht identifizierbar, hatte er lapidar vermerkt. Sie sei mit einem Sperrvermerk belegt, und selbst ihm sei es nicht gelungen, den Inhaber zu verifizieren.

»Verifizieren«, murmelte Bielstein, »was der für Ausdrücke kennt.«

»Was machst du da eigentlich?«, schaute Murat auf und wies auf Bielsteins Computer, auf dessen Bildschirm Särge in einer Diashow vorbeizogen.

»Ich kümmere mich für Koslowski um die Beerdigungsformalitäten. Der kriegt ja nichts mehr auf die Reihe.«

»Aha«, nickte Murat abwesend. Er hielt Saschas Handy in der Hand und tippte einen Text ein. »Hallo, ich bin's. Melde dich mal«, schrieb er und sendete ihn an die ominöse Telefonnummer.

Cora bekam von all dem nichts mit. Bereits vor einer halben Stunde war sie eingeschlafen, hing krumm in ihrem Bürosessel und schnarchte leise vor sich hin.

—

Bennis Schleicherei über Felder und durchs Gehölz zog sich fast einen Kilometer hin. Das Bellen des Hundes nahm mit der Zeit ab. Das lag nicht an der Entfernung, eher daran, dass der Hund auf die entgegengesetzte Richtung fixiert war. Von dort vernahm er keine verdächtigen Geräusche mehr, die ihn veranlasst hätten, weiterhin den Hof zu verteidigen. Er lief noch ein paarmal unruhig sein Terrain ab und legte sich dann wieder vor seine Hütte, die unweit des Hauses neben der Scheune stand.

Nora befand sich zu dieser Zeit zusammen mit Siggi alleine im Haus. Siggi gehörte nicht zu den ständigen Bewohnerinnen. Als Besucherin, vor allem, wenn sie mal wieder eine Bleibe für die Nacht suchte, hieß frau sie aber gerne willkommen. Es war ein offenes Haus.

An diesem Abend hatte Siggi eine Nachricht ihrer Großeltern zu überbringen. Ihnen gehörte das Anwesen und sie ließen ausrichten, dass sie als Rentner auf die Mieteinnahmen angewiesen seien. In dem Altenheim, in dem sie seit geraumer Zeit lebten, müssten sie auch pünktlich ihren finanziellen Beitrag leisten. Eine weitere Stundung der Miete käme deshalb nicht infrage.

Nora setzte gerade zu einer Erklärung an, als der Hund draußen mit seiner Bellerei begann.

Weit und breit gab es kein anderes Haus. Auch ein offizieller Weg führte nicht vorbei.

Verständlich, dass sie erschrak, denn der versuchte Einbruch vor zwei Tagen steckte ihr noch in den Knochen.

Sie schaltete sämtliche Lampen des Außenbereiches ein. Ein vorsichtiges Sondieren aus einer sicheren Dachluke hinaus ergab keine Auffälligkeiten. Der Hund begann auch bereits, sich wieder zu beruhigen.

Wahrscheinlich nur ein Fuchs oder so etwas, vermutete Nora. »Pass schön auf!«, rief sie zum Hund hinunter, und es schien ihr, als ob er nickte.

Benni lag langgestreckt inmitten einer Brennnesselkolonie und fluchte in sich hinein. Weniger wegen des juckenden Krautes, mehr wegen der Festbeleuchtung, die ihm gar nicht gefiel. Aber was sollte er machen! »Scheißegal«, murmelte er und begann leise, den Hund zu locken.

Ein verhaltenes Knurren aus tiefer Kehle antwortete ihm.

Lauernd kam der Hund näher und versuchte, den Verursacher der Geräusche auszumachen. Noch zwanzig Meter war er vom Zaun entfernt, als ein Stück Fleisch im hohen Bogen angesegelt kam und vor ihm auf den Boden klatschte.

Er wich nicht zurück. Sein Schwanz signalisierte eine gespannte Angriffsstellung. Dann stieg ihm ein vertrauter Geruch in die Nase. Neugierig schnüffelte er an der vermeintlichen Sonderration, schnappte zu und schleppte den Fleischbrocken zu seiner Hütte.

Jetzt brauchten sie nur noch zu warten, bis das Gift wirkte, dann könnten sie ihren Angriff starten. Benni wollte es sich währenddessen etwas bequemer machen. Vorsichtig krabbelte er zurück, bis er sich im schützenden Schatten eines Haselnussbusches aufrichten konnte. Er nestelte sein Handy hervor, um die drei anderen zu informieren.

»Das Vieh ist gleich hinüber«, verkündete er siegessicher. Eine Antwort erhielt er nicht. Stattdessen hörte er hektische Schreie. Verdattert schaute er auf sein Handy. »Gespräch unterbrochen« stand da auf dem Display.

Kurz darauf ließ das Schellen des Telefons Cora aus ihrem unruhigen Schlaf aufschrecken. Murat hielt bereits den Hörer am Ohr. Die unangenehme Nachricht war ihm anzusehen.

»Klaus' Leute haben die Nazitruppe festgenommen«, verkündete er, »die hatten Brandsätze dabei.«

»Gott sei Dank«, reckte Cora sich, sah dann Murats Gesichtsausdruck und wusste, dass ihr soeben geäußerter Seufzer verfrüht war.

»Die Pfeifen haben nur drei geschnappt«, schimpfte er.

Der Vierte, dieser Benni Schlüter, ist verschwunden.«

Coras und Bielsteins »Scheiße« erklang synchron. Erschrocken sahen sie sich stumm an. Im gleichen Augenblick klingelte es schon wieder.

Diesmal war es Coras Handy. Eine aufgeregte Stimme schlug ihr entgegen. Erst als Nora sich zu erkennen gab, verstand Cora, wer am Apparat war.

»Ich weiß nicht, was hier passiert; aber unser Hund liegt tot mitten auf dem Hof.«

Cora versuchte erst gar nicht, Nora zu beruhigen.

»Wir kommen sofort«, rief sie und zog sich schon ihre Jacke über.

Cora ließ den Motor ihres kleinen Peugeots aufheulen und jagte ihn mit durchgetretenem Gaspedal durch die bereits nächtlichen Straßen. Obwohl Bielstein mit seinen langen Beinen eingequetscht auf der Rückbank kauerte und gar nicht aus seiner Position rutschen konnte, hielt er sich krampfhaft fest.

Murat telefonierte mit der Wache, erklärte Kocher die Dringlichkeit ihres Einsatzes und bekam den lapidaren Satz zu hören, dass momentan kein weiteres Einsatzfahrzeug frei wäre.

»Aber ich schicke euch natürlich so schnell wie möglich Verstärkung.«

Ohne Kommentar unterbrach Murat das Gespräch. Er wusste, dass sie alleine zurechtkommen mussten.

Die Bodenwanne ihres Fahrzeuges schlug mehrmals hart auf, so schnell fegte Cora über den kurzen Waldweg und dann den mit Schlaglöchern übersäten Weg zwischen den Feldern zum Hof hinauf.

Zerschlagene Dachziegel waren in die Bodenlöcher gestampft worden. Trotzdem rüttelte es sie hin und her. Erst unmittelbar vor dem Tor bremste Cora die rasante Fahrt ab. Sie sprang heraus und rannte aufs Haus zu.

»Einer vorne, einer hinten!«, schrie sie über die Schulter zurück. Im Laufen zog sie den Schlitten ihrer Pistole nach hinten, ließ eine Patrone in den Verschluss einrasten und blieb kurz vor der Haustür stehen.

Das Knirschen des Kiesweges begleitete Bielsteins schnelle Schritte zur Rückseite des Hauses. Murat stand im Schatten des Kirschbaumes neben der Scheune. Von dort hatte er den gesamten Hof und die Hausfront im Blick. Auch er hielt seine Waffe in den Händen. Die Mündung zeigte zur Erde, als er sie durchlud. Dann war es wieder still.

Der große Mischlingshund, der Cora bei ihrem ersten Besuch so geängstigt hatte, lag im Licht der Hoflampen, dort, wo der Baum keinen Schatten warf. Er spürte Murats Anwesenheit, winselte erbärmlich und versuchte vorwärtszukriechen.

Noch einmal atmete Cora tief durch. Sie verlagerte ihr Gewicht auf ihren vorstehenden Fuß, stieß sich ab, die halb geöffnete Haustür ganz auf und stürmte mit vorgehaltener Waffe ins Haus.

»Polizei!«, rief sie und gleich darauf: »Nora, Siggi, wo seid ihr?«

Kein Laut war zu hören. Mit dem Fuß stieß sie die Tür zum Wohnraum auf und hatte ein absurdes Bild vor sich.

»Ein Triptychon«, würde Julia gesagt haben – so, wie sie es in ihrer belehrenden Art viele Male auf ihren gemeinsamen Museen- und Kirchenbesuchen getan hatte. Cora liebte sie dafür. Sie, der Älteren, gefiel es, von der quirligen Julie wie eine kleine unwissende Freundin behandelt zu werden, der man ständig die Welt erklären musste. Es war ein Spiel zwischen ihnen.

Das hier war allerdings kein Spiel.

In der Mitte der Couch hockte Nora, die Knie bis zum Kinn hochgezogen, ihre Blöße bedeckend, die das zerrissene Kleid offenbarte.

Ihr zur Linken saß ein Riese auf dem Boden, der mit großen Augen in die Mündung von Coras Pistole starrte. Von einer tiefen Schramme auf seiner Glatze tropfte Blut hinunter.

Neben ihm, zu Noras Rechten, stand eine schief grinsende Siggi, die einen eisernen Schürhaken hinter dem Rücken zu verstecken suchte.

Cora schaute auf das Bild und ihr Gesicht wusste nicht, ob es sich zu einem Lachen oder Weinen verziehen sollte.

»Gott sei Dank«, stöhnte der Riese. Mit dem Foto des finster blickenden Nazischlägers Benjamin Schlüter hatte er in diesem Augenblick nichts gemein.

»Ich bin überfallen worden«, murmelte er.

»Schnauze!«, kreischte Siggi.

Nora schluchzte auf. Cora sah die Angst in ihren schreckgeweiteten Augen und senkte endlich ihre Waffe.

Benni rappelte sich hoch und schielte dabei zu Siggi, die einen Schritt zur Seite trat und drohend den Schürhaken hob.

»Ganz ruhig«, knurrte Cora, und schärfer: »Umdrehen!«.

Benni stand unschlüssig mit hängenden Armen vor ihr. Mit einem schnellen Schritt war Cora bei ihm und ließ die Acht um seine Handgelenke klicken.

»Gesichert!«, schrie sie über ihre Schultern nach hinten und im gleichen Augenblick stürmte Murat herein.

Er erfasste die Situation nicht sofort und sprang auf Benni

zu, der nach hinten stolperte und ihm hilflos seine gefesselten Hände entgegenstreckte.

»Bringt mich hier raus.« Es klang weinerlich.

Draußen erstarb das Heulen einer Polizeisirene. Die beiden Uniformierten, die zusammen mit Bielstein den Raum betraten, nahmen Benni in die Mitte und führten ihn ab.

Nora hatte sich die ganze Zeit über nicht gerührt. Jetzt löste sich ihr Krampf und die Tränen liefen ihr über das Gesicht. Sie zitterte.

Cora setzte sich neben sie und nahm sie in den Arm.

»Das Schwein«, wimmerte Nora, »ich bring ihn um.«

»Hat er …, wollte er dich …?« Cora konnte es nicht aussprechen.

»Er wollte; aber ich war schneller«, wippte Siggi auf den Füßen und schwang dabei ihren Schürhaken triumphierend durch die Luft.

»Leg das weg!«, sagte Cora scharf. »Wo sind die anderen?«

»Kino«, murmelte Siggi und plumpste mit einem Seufzer in das Sofa.

Cora schaute auf ihre Kollegen, die betreten vor den Frauen standen. »Zumindest können wir ihm eine versuchte Vergewaltigung anhängen«, sagte sie zu Murat.

Nora schüttelte Coras Umarmung ab. Sie straffte sich.

»Nein!«, sagte sie bestimmt.

»Wie – nein? Du musst das zur Anzeige bringen.« Cora verstand Noras Reaktion nicht.

»Nein!« Jetzt schrie sie es heraus.

»Komm, beruhige dich. Wir sind bei dir.« Wieder versuchte Cora, die verstörte Frau in den Arm zu nehmen. Nora ließ es zu und versteckte ihr Gesicht in Coras Jackenkragen.

»Keine Vergewaltigung«, schluchzte sie. »Ich will keine Anzeige erstatten.«

Cora strich ihr über das Haar. »Warum denn nicht? Die Situation war doch eindeutig.«

»Keine Anzeige«, flüsterte es aus dem Kragen. »Ich will das nicht. Nicht noch einmal.«

Cora versetzte es einen Stich, als sie die Bedeutung dieses Satzes erfasste. Sie hob Noras Kopf und sah in tränenverschleierte Augen. Kummervoll schüttelte sie den Kopf, versuchte aber nicht weiter, auf Nora einzureden.

—

»Kaffee?«

Benni brauchte eine Zeit, bis er kapierte, dass die Frage ernst gemeint war. Wenn dem aber so war, dann könnte er genauso gut etwas anderes bestellen. Er entspannte sich.

»Lieber 'n Bier«, grinste er Murat an, der an der Kaffeemaschine stand.

»Dann eben nicht.« Er schenkte den anderen ein.

Benni saß vor dem Beistelltisch, auf dem der Computer stand. Bielsteins Finger lagen auf der Tastatur. Er füllte die erste Formularseite des Vernehmungsprotokolls mit Bennis Personalien: Benjamin Schlüter, 03.04.1984 in Leverkusen geboren, wohnhaft in Köln, Worringer Straße.

Als nächstes tippte er die Spalte »Beruf« an und Benni zögerte. »Chemielaborant«, sagte er dann, und als Bielstein es schon hingeschrieben hatte, fügte er an: »Ausbildung abgebrochen.«

Ärgerlich verzog Bielstein die Mundwinkel, löschte die Spalte wieder und trug »ohne Beruf« ein.

Murat dauerte das Geklappere zu lange. Er begann ohne

jede Vorrede mit der Beschuldigtenbelehrung:

»Benjamin Schlüter, Sie sind wegen Verdachts der Vergewaltigung vorläufig festgenommen und wegen …« Murat zögerte und senkte seinen Blick in Bennis lauernde Augen.

Den Satz vollendete er nicht. Stattdessen sagte er: »Sie können hier aussagen oder die Aussage verweigern.«

Den Halbsatz »oder Angaben zu Ihrer Entlastung vortragen« verschluckte er nuschelnd. »Und jederzeit einen Anwalt ihrer Wahl hinzuziehen«, klang dann wieder deutlicher.

»Ich warte auf meinen Anwalt«, antwortete Benni knapp und verschränkte die Arme. Das Kinn sank auf seine Brust. Für ihn schien die Sache damit abgeschlossen zu sein.

»Suchen Sie sich einen Anwalt aus«, schob Cora das Telefonbuch in sein Blickfeld.

Benni hob nicht einmal den Kopf. »Wird schon noch kommen«, verkündete er ungerührt.

Cora wollte etwas erwidern; aber Murat gebot ihr mit einer Handbewegung, zu schweigen.

Minutenlang herrschte Stille, dann nahm Murat den Faden wieder auf: »Wollen Sie nicht doch irgendetwas sagen. Vielleicht war ja alles nur ein Missverständnis.«

»Wenn der da mit seinem Geklapper fertig ist«, zeigte Benni auf Bielstein, »könnte er ja schon einmal meine Anzeige aufnehmen.«

Die fragenden Blicke der Beamten belustigten ihn.

»Die Situation war doch wohl eindeutig. Sie hat es doch gesehen.«

Sein Glatzkopf, auf dem sich bereits leichter Schorf bildete, nickte gegen Cora.

»Ich habe mich verlaufen«, fuhr er frech fort, »und wollte

nach dem Weg fragen. Bevor ich überhaupt ›Hallo‹ sagen konnte, zog mir diese Punkerin den Schürhaken über den Schädel.«

Verständnislos schaute Cora ihn an. Die Wut ließ ihre Augen glühen.

»Das nennt man doch wohl eine gefährliche Körperverletzung, oder?«, provozierte Benni weiter.

Der Stuhl kippte um, als Cora ruckartig aufstand und auf Benni zuging.

Abwehrend hob er seine Hände über den Kopf.

»Was geht hier vor?!« Eine scharfe Stimme durchdrang den spannungsgeladenen Raum.

Schliepensteins Eintreten war unbemerkt geblieben. Alle Augen richteten sich jetzt auf ihn.

»Was werfen Sie meinem Mandanten vor?«, wandte er sich an Murat, der ans Fensterbrett gelehnt stand.

Schliepenstein wusste, dass Murat hier das Sagen hatte.

»Versuchte Vergewaltigung«, antwortete der, wobei er versuchte, seiner Stimme etwas Endgültiges zu geben. Etwas, was nicht infrage zu stellen wäre.

Schliepenstein schaute auf Benni, der leicht den Kopf schüttelte.

»Hat jemand Anzeige erstattet?«, fragte Schliepenstein.

»Das ist ein Offizialdelikt«, antwortete Cora bissig.

»Das war nicht meine Frage«, konterte Schliepenstein. »Gibt es Zeugen?«

Niemand antwortete ihm.

Murat ärgerte sich, weil sie nicht wenigstens Siggi mitgenommen hatten, um ihre Aussage zu Papier zu bringen. Sein Fehler.

»Also nicht«, grinste Schliepenstein in die Runde, hatte

seine Gesichtszüge aber gleich wieder unter Kontrolle. Salbungsvoll setzte er an, als hielte er ein Plädoyer: »Mein Mandant ist wegen eines Sexualdeliktes nicht vorbestraft. Er steht nicht unter Bewährung, hat einen festen Wohnsitz und eine Arbeitsstelle. Ich gehe daher davon aus, dass wir die leidige Angelegenheit auch zu einer zivilen Tageszeit klären können und jetzt kein Haftgrund besteht.«

Cora wollte erneut aufbrausen. Murat warf ihr einen warnenden Blick zu.

»Lassen Sie mir morgen von der Staatsanwaltschaft die Akte überbringen. Ich werde sodann zeitnah für meinen Mandanten eine Einlassung fertigen.«

Murat sah seine Felle davonschwimmen. Er hatte nichts Konkretes in der Hand, um diesen Riesen, aus dessen Gesicht das Grinsen nicht weichen wollte, länger festzuhalten.

Schliepenstein nahm Murats Schweigen als Bestätigung. »Wir gehen«, winkte er Benni zur Tür.

Beide standen bereits im Durchgang, als Murat aus seiner Starre erwachte.

»Ihr wolltet die Frau im Jugendzentrum verbrennen lassen!«, schleuderte er ihnen hinterher.

Benni wirbelte herum und zischte gehässig zurück: »Selber schuld, wenn die Fotze mitten in der Nacht da herumsitzt.«

Bielstein fiel vor Schreck die Brille von der Nase.

Murat schaute mit offenem Mund auf den klein gewachsenen Schliepenstein, dessen Arm nach oben ruckte und dem fast einen halben Meter größeren Mann neben ihm eine Ohrfeige versetzte, die Bennis Kopf herumriss. Er sah deshalb Cora nicht, die mit drei riesigen Sätzen auf ihn zuflog und ihm ins Kreuz sprang. Die Hände der ent-

fesselten Frau legten sich um den Hals des straucheln-
den Mannes.

»Ich bring dich um, du Schwein«, keuchte sie. Ihre Arm-
muskeln schwollen vor Anstrengung an. Murat riss Cora
zurück.

Es gab nicht viele Situationen, in denen sich Schliepenstein sprachlos zeigte. Dies war eine. Er öffnete den Mund,
brachte aber nichts heraus.

Benni presste sich gegen die Wand. Seine Augen spiegel-
ten Erschrecken, und die Augenlider schienen mit der
defekten Neonröhre der Treppenhausbeleuchtung um die
Wette zu flackern.

Dieser Zustand währte nur einen Augenblick. Dann blitzte Hass in ihnen auf. Cora, das Ziel seines Angriffs, stand
vor Wut zitternd im Türrahmen.

Schliepenstein war der Erste, der sich bewegte. Energisch
zog er Benni zur Treppe hin. Murat schob gleichzeitig
Cora ins Büro zurück und schlug die Tür zu.

Deutlich vernahmen sie aber Schliepensteins Stimme.
»Sie hören von uns«, rief er. »Das wird Sie Ihren Job kos-
ten.«

Die polternden Schritte auf der nächtlichen Treppe waren
schon eine Zeitlang verklungen, als Murat, Cora und Bielstein noch immer stumm herumstanden.

»Ich geh' nach Hause«, murmelte Bielstein schließlich
und schlurfte aus dem Büro.

Murat räusperte sich. »Wir sprechen morgen darüber«,
sagte er zu Cora. »Ich fahre auch nach Hause, muss mich
mal mit frischer Wäsche versorgen.«

In seinem gemieteten Reihenhaus in Wuppertal stand Murat unter der Dusche und versuchte, seine Gedanken zu ordnen. Ihm war klar, dass er es versaut hatte.

Das leere Haus ließ ihn schmerzlich die Abwesenheit seiner Familie spüren. Niemand da, mit dem er sprechen könnte.

Selbst Schlupkothen ließ ihn auf der Mailbox auflaufen. Zum Teufel mit ihm, wo auch immer er sich herumtrieb.

Nach dem Duschen hüllte Murat sich in seinen Bademantel, öffnete eine Flasche Rotwein, saß im dunklen Wohnzimmer und grübelte vor sich hin.

Er hatte sich von Schliepenstein einwickeln lassen; überdies war seine Vernehmungstaktik miserabel gewesen.

Sie hätten Benjamin Schlüter nicht gehen lassen dürfen. Sein Wutausbruch wäre doch fast als Geständnis zu werten gewesen. Außerdem bewies sein spontan ausgestoßener Satz doch, dass er zumindest wissen musste, wer den Brandanschlag auf das Jugendzentrum durchgeführt hatte.

Mit einem geschickt geschriebenen Ermittlungsbericht hätte der Ermittlungsrichter bestimmt einen Haftbefehl ausgestellt.

Jetzt hatten sie nichts. Schlüter war erst einmal weg, und es war unabsehbar, wann sie ihn wieder in die Finger bekämen, ohne dass Schliepenstein in der Nähe wäre.

Seine Überlegungen enthielten zu viele Konjunktive, befand Murat.

Coras Ausraster verbesserte die Lage auch nicht gerade.

Das angetrunkene Glas Wein ließ er stehen. Müde und ratlos bewegte er sich in Richtung seines Bettes.

Tag 4

Die kurze, unruhige Nacht, die Murat hinter sich hatte, konnte seinen Gedanken keine ordnende Klarheit verschaffen.

Mit einem leeren Gefühl im Kopf lenkte er bereits vor Sonnenaufgang seinen Wagen in Richtung Wermelskirchen. Er hatte keine Vorstellung davon, wie es weitergehen könnte.

»Bist du eigentlich immer im Dienst?«, fragte er Kocher, der auch diesmal auf der Wache hinter dem Tresen thronte.

Eine Antwort erwartete er nicht, denn Kocher schien sich vorgenommen zu haben, Murat zu ignorieren.

Umso erstaunlicher, dass er antwortete: »Ich bin geschieden, mein Zuhause ist hier.«

Murat hörte es nicht mehr. Ohne weiteren Gruß hatte er bereits die Treppe zu Coras Büro hinauf genommen.

Nur von einer funzeligen Schreibtischlampe schemenhaft beleuchtet, schaute ihm dort ein verkaterter Schlupkothen entgegen. Er saß vor einem Laptop. In der Hand hielt er ein Handy, das er nun hochreichte. »Du hast Post bekommen«, begrüßte er Murat müde.

Es war Saschas Handy, das sie in seiner Hosentasche gefunden und auf dem Murat den Text »Hallo, ich bin's. Melde dich mal« abgesandt hatte.

Im Display stand eine Antwort – nur ein einziger kurzer Satz: »Wer sind Sie?«

Ohne groß nachzudenken schrieb Murat: »Murat Cenk, Kriminalbeamter, Ermittlungsführer in der Todessache Sascha Koslowski. Bitte melden Sie sich, wenn Sie mithelfen können, Saschas Tod aufzuklären.«

»Das war nicht klug«, sagte Schlupkothen.

«Shit happens«, meinte Murat, »das macht nichts kaputt. Wir haben sonst kein konkretes Packende.«

Er beugte sich zu Schlupkothen hinunter, um zu sehen, was er da auf dem PC-Bildschirm aufliegen hatte, zuckte aber sogleich zurück.

Schlupkothen stank übel nach Kneipe. Den Vorwurf, die Nacht durchgesoffen zu haben, verbat er sich.

Einen schönen Abend habe er gehabt, und in einer Kneipe sei er auch gewesen. Dann habe ihn die Reue gepackt, weil er die Kollegen alleingelassen hatte. Seit Mitternacht sitze er hier schon und habe sich Saschas Computer vorgeknöpft.

»Das Ding läuft einwandfrei«, richtete er sich stolz auf. »Allerdings sind einige Dateien gelöscht. Ich arbeite noch daran, sie zurückzuholen.«

Murat wich der aufsteigenden Duftnote aus Zigarettenmief und Bierdunst aus.

»Wenn du das hier lesen willst, musst du schon näher kommen«, schüttelte Schlupkothen den Kopf über Murats Gehabe.

Murat winkte ihn mit zugehaltener Nase vom Schreibtisch weg.

Beleidigt stand Schlupkothen auf und zog sich rückwärts bis zum Fenster zurück. »Das wird dir nicht gefallen«, sagte er und wies in Richtung Bildschirm.

Murat setzte sich und glaubte seinen Augen nicht zu trauen. Zehn Minuten dauerte es, bis er das gesamte Dossier gelesen hatte.

Kochers Lebenslauf, ja sein kompletter Lebenswandel war von Sascha Koslowski akribisch aufgezeichnet worden.

Sein polizeilicher Werdegang fehlte ebenso wenig wie Fakten aus seinem Privatleben.

Mitglied der Deutschnationalen Partei war er bereits seit zehn Jahren.

Es stand sogar aufgelistet, wann Kocher welche Informationen an Sascha weitergeleitet hatte. Zum Beispiel den Zeitpunkt der polizeilichen Durchsuchungsaktionen gegen Mitglieder der Kameradschaft Bergisch Land.

Dass Sascha Koslowski der Empfänger dieser brisanten Informationen war, nicht Schliepenstein, verwunderte Murat. War Koslowski vielleicht doch der Lenker hinter all den Gewaltaktionen und sein Ausstieg aus der rechten Szene nur vorgetäuscht? Das würde dann auch ein anderes Licht auf seine Ermordung werfen. Womöglich war die Linke doch involviert?

Murat dämmerte es, dass seine Ermittlungsmöglichkeiten begrenzt waren. Er würde ohne Hilfe das Staatsschutzes nicht weiterkommen.

»Das bleibt unter uns«, drehte er sich zu Schlupkothen um.

»Lies erst mal weiter«, knurrte der.

Murat scrollte sich durch die Seiten. Er kam gar nicht mehr aus dem Staunen heraus. Am Ende fand sich der Verweis auf eine Bilddatei. Schlupkothen zeigte ihm den Weg dorthin und zog sich schnell wieder zum Fenster zurück.

Grob gepixelte Fotos aus großer Entfernung zeigten eine Art Zeltlager irgendwo im Grünen. Offensichtlich waren sie mit einem billigen Handy aufgenommen worden. Die Qualität war schlecht. Die abgebildeten Gestalten waren nur von hinten zu sehen. Auf einem Bild stand ein glatzköpfiger Mann breitbeinig wie auf dem Schießstand und zielte mit vorgestreckten Händen auf eine Pappscheibe, auf die ein Mensch mit Turban gemalt war. Auch wenn es nur eine Rückenansicht war: Unverkennbar stand dort Benjamin Schlüter und hielt eine Pistole in Händen.

Das war eindeutig, befand Murat.

»Zoom dich mal in das Foto rein«, forderte Schlupkothen seinen Chef auf.

Murat starrte auf den Bildschirm. Er sah eine Hand, die Bennis Pistolenhaltung korrigierte. Der Mann, zu dem die Hand gehörte, hielt seinen Kopf zu Benni gedreht. Sein Profil war erkennbar.

»Kocher«, murmelte Murat.

Schlupkothen hatte ihm zwischenzeitlich den Rücken zugewandt und schien interessiert zu verfolgen, wie sich die Nacht zum Tag wandelte. Die abziehende Dämmerung ließ bereits die verkohlten Balken des Jugendzentrums frei. Zart gerötetes Sonnenlicht senkte sich über die Brandruine. In der Ferne enthüllte der Morgen die Silhouette des Remscheider Rathausturmes.

Schlupkothen öffnete das Fenster. Tief sog er die frische Morgenluft ein und vergaß auszuatmen.

»Das wird dir auch nicht gefallen«, presste er zusammen mit der Luft aus seinem voluminösen Brustkorb.

Murats Gedanken kreisten gerade woanders. »Was?«, fragte er abwesend.

»Irgendwelche Idioten wollen die Stimmung weiter anheizen«, zeigte Schlupkothen nach draußen. »Die haben da eine Strohpuppe aufgehängt.«

Murat ging ans Fenster, guckte, beugte sich vor und kniff die Augen zusammen.

»Ich fürchte, das ist keine Puppe«, sagte er müde.

Sie beeilten sich, um noch vor den ersten Schulkindern, die sicherlich gleich die geschwungene Fußgängerbrücke benutzen würden, mit ihrer traurigen Arbeit fertig zu sein.

Manni wohnte nicht weit weg. Unrasiert; aber wach, war er zur Stelle. Er begann sogleich mit seiner Untersuchung, nachdem sie Bennis schweren Körper endlich abgeschnitten hatten.

Die Leiche baumelte an der geschwungenen Laterne, die gegenüber dem AJZ auf der Brücke stand. Der Lampenkopf befand sich in einer Höhe von sicherlich fünf Metern. Das Seil war dort oben verknüpft worden. Im Wind flatterte es hin und her. Manni hatte die Leiche am unteren Ende abgeschnitten – knapp zwanzig Zentimeter über dem Knoten, der sich in Bennis Halswirbel gedrückt hatte.

Murat schaute sich suchend um. Er sah nichts, womit Benni die Höhe hätte überwinden können, um das Seil oben zu befestigen. Wenn er den Mast hinaufgeklettert wäre und sich dann von oben in das Seil hätte fallen lassen, wäre die Laterne sicherlich bei seinem Gewicht durchgebogen oder der Lampenkopf wäre abgerissen worden.

Schlupkothen zeigte zur Brandruine hinüber. Dort lag eine Leiter. Der rote Schriftzug auf dem Aluminiumgestänge wies sie als Eigentum der Feuerwehr aus.

Murat nickte. Damit wäre dann aber klar, dass er sich schwerlich selbst aufgehängt haben konnte.

Manni schien Gedankenleser zu sein. »Hat er auch nicht«, sagte er. »Der war schon tot, als man ihn aufgehängt hatte.«

Während Murat noch sinnend die Leiter betrachtete und sich vorzustellen versuchte, was hier vorgegangen war, hatte Manni Bennis Leiche auf den Bauch gedreht. Der

Techniker kniete auf dem Boden, die Nase tief über Bennis Hinterkopf gebeugt, und fummelte mit einem Bleistift herum.

»Lass das mal lieber Olga Adamski machen«, bremste ihn Schlupkothen.

Beim Nennen des Namens der Gerichtsmedizinerin leuchteten seine Augen kurz auf.

Manni grinste ihn verschwörerisch an. »Ich wollte nur ausprobieren, wie tief der Schusskanal geht«, sagte er.

»Schusskanal?« Murat wachte aus seinen Gedanken auf.

»Ja, hier«, zeigte Manni auf Bennis Kopf. »Der Mann ist erschossen worden, bevor man ihn aufgehängt hat. Die Kugel scheint noch irgendwo im Halswirbel zu stecken.«

—

Noch bevor die Frühlingssonne ihre morgendliche Pracht entfalten konnte, hatten die Kriminalisten ihre Arbeit beenden können. Die Leiche war in die Gerichtsmedizin transportiert worden. Das Seil lag gesichert in Mannis Asservatenkoffer, die Leiter der Feuerwehr, die er dazu bemühen musste, wieder an ihrem Platz, und die Fußgängerbrücke sah aus wie immer.

Auch die am Geländer befestigten Plakate und das beschriftete Bettlaken der Autonomen, auf dem Rache für Julia gefordert wurde, hatte Manni entfernt.

Murat saß bereits wieder im Büro und telefonierte mit der Staatsanwaltschaft. Manni und Schlupkothen befanden sich auf dem Weg nach Düsseldorf. Murat hatte sich gewundert, dass Schlupkothen freiwillig zur Obduktion fahren wollte, fragte aber nicht nach.

Bielstein kam gegen halb neun. Er sah verschlafen aus. Seine übliche, etwas schludrige Alltagskleidung hatte er gegen einen schwarzen Anzug getauscht.

»Heute Mittag wird Sascha beerdigt«, nuschelte er. »Koslowski soll nicht alleine am Grab stehen.«

»Hat er keine Verwandten?«, fragte Murat. Eine Antwort bekam er nicht. Bielstein war schon wieder in seine Innenwelt abgetaucht.

Auch Cora sah verschlafen aus. Sie stand, heute in gedecktem dunkelblauem Kostüm, neben ihrem Peugeot auf der Straße und drehte sich eine Zigarette. Sie wusste offensichtlich über die Beerdigung Bescheid.

Einen Anruf Murats ignorierte sie. »Nach so einer Nacht macht es doch wohl nichts aus, mal etwas später ins Büro zu kommen«, sagte sie zu ihrem Handy, nicht aber zu Murat, den sie ungerührt wegdrückte.

Aus dem Strom der elterlichen Fahrzeugkarossen, die ihre Sprösslinge zur Schule chauffierten, scherte ein alter Toyota aus und stellte sich hinter Coras Wagen.

Den Mann, der mit langen, zum Zopf gebundenen Haaren auf sie zukam, kannte sie nicht.

»Morgen, Frau Beckers«, grüßte er.

Cora schaute ihm interessiert entgegen. Sie überlegte, woher sie ihn kenne. Es fiel ihr nicht ein. Der Mann stellte sich als Sven Holländer vor und erzählte, dass er gerade seine Tochter zur Schule gebracht habe. Er sei Psychologe und habe derzeit einen seltsamen Patienten, der ihm nicht mehr aus dem Kopf gehe. Da er sie gerade hier habe stehen sehen und Koslowski ja quasi auch ihr Kunde sei, sollten sie einmal über ihn sprechen.

Holländer sah Coras zweifelnden Blick. Natürlich sei es

gegen jedes Berufsethos, mit Dritten über einen Patienten zu sprechen, überdies unterliege er der Schweigepflicht. Dies hier sei aber ein außergewöhnlicher Fall, in dem er bereit sei, die Regeln zu brechen, weil er seinen Patienten in Gefahr sehe.

Cora hatte bisher kein Wort gesagt. Dieser Mensch vor ihr schien nicht unsympathisch zu sein, redete aber irre. Sie verstand kein Wort.

»Sagen Sie, kennen wir uns irgendwoher?«, fragte sie.

»Wir hatten vor Jahren auf einem Seminar in Düsseldorf mal ein paar Biere zusammen getrunken«, lächelte er sie an. »Damals sah ich aber noch ein bisschen anders aus und damals war ich auch noch Polizist.«

Langsam dämmerte es Cora. Das war dieser ehemalige Kollege, der jetzt als Psychologe arbeitete und zu dem die Anwältin den alten Koslowski geschickt hatte.

»Koslowskis Sohn ist ermordet worden«, sagte Cora, »ansonsten haben wir mit ihm eigentlich nichts zu tun. Er ist in unseren Ermittlungen nur am Rande von Bedeutung, weil er glaubt, seinen Sohn auf der Müngstener Brücke überfahren zu haben.«

Mit dem Aussprechen ihres letzten Wortes wurde ihr bewusst, dass sie hier mit einem Fremden über Interna redete. Das könnte ihr Ärger einbringen, wovon sie sich sowieso schon zur Genüge eingehandelt hatte.

Dass sie trotzdem einige Minuten später zusammen mit Sven Holländer an ihrem Küchentisch saß, Kaffee trank, über ihren Fall erzählte und nach einer Stunde immer noch dort saß, schrieb sie dem psychologischen Geschick ihres Gegenübers zu.

»Habe starke Kopfschmerzen. Komme später«, sandte sie eine SMS an Murat.

Nachdem Holländer sich verabschiedet hatte, blieb eine nachdenkliche Cora zurück.

Holländer hatte ihr eindringlich dargelegt, dass er Koslowski in Gefahr sehe. Der Alte befinde sich in einem derart labilen Zustand, dass er nicht ausschließe, er könnte ausrasten. Entweder tue er sich selbst etwas an oder er werde gegenüber anderen gewalttätig. In Koslowski habe sich solch ein Hass gegen alle Rechten manifestiert, dass er ihn zu unüberlegten Handlungen verleiten könnte.

Warum er ihn dann nicht wenigstens vorübergehend in eine geschlossene Abteilung einweisen ließe, wollte Cora wissen.

»Ich weiß um das Risiko«, sagte Holländer, »befürchte aber, dass sich sein Zustand in einer Anstalt nur verschlimmern würde. Mir wäre es lieber, wenn Sie ihn in den nächsten Tagen im Auge behalten würden. Wenn er mitspielt, werde ich ihn jeden Tag therapieren, um ihn zu stabilisieren.«

Nachdem Holländer sich verabschiedet hatte, machte Cora sich auf den Weg nach Wermelskirchen. Sie fuhr unkonzentriert. Holländers Befürchtungen mochte sie nicht teilen. Koslowski war ein alter, nervenkranker Mann. Der könnte keiner Fliege etwas zuleide tun.

Noch immer in Gedanken, stieß sie vor ihrer Bürotür mit Bielstein zusammen.

»Bin zur Beerdigung zurück«, murmelte er, bevor Cora irgendetwas sagen konnte. »Fahre jetzt nach Aachen zu Julia ins Krankenhaus.«

Kurz angebunden war er ja immer; aber so langsam wurde er unerträglich, fand Cora.

»Gibt es was Neues?«, fragte sie und meinte Julias Genesungszustand.

»Benjamin Schlüter ist tot«, bekam sie zur Antwort. Da stand er schon auf der Treppe.

Das »Scheiße« Coras hörte er nicht mehr.

Fassungslos ließ sie sich auf ihren Schreibtischstuhl plumpsen und rollte zum Fenster hinüber. Der wolkenlose Himmel kam ihr auf einmal verhangen vor.

Hatte Holländer recht mit seiner Befürchtung?

Sie rollte zurück und las Murats Bericht, der offen auf dem Schreibtisch lag.

Das konnte doch nicht sein. Wie sollte so ein schmächtiger Mann wie Koslowski die massige Gestalt dieses verfluchten Schlüters an die Laterne gehängt haben?

Wut und Hass können ungeahnte Kräfte freisetzen. Das war ihr aus eigener Erfahrung bekannt. Trotzdem – es konnte nicht sein. Es durfte einfach nicht sein.

Sie wählte Murats Handy an. »Wo bist du? Ich muss dich dringend sprechen«, haspelte sie ins Telefon, bevor sie merkte, dass er das Gespräch gar nicht angenommen hatte.

»Bin im Krankenhaus bei Melanie Schliepenstein. Bitte nicht stören!«, meldete er sich einen Augenblick später per SMS.

Coras Kopf sank in ihre Hände. Sie fühlte sich hilflos und machtlos dem Chaos ausgeliefert, in dem sie sich seit Tagen befanden. Ihren Tränen ließ sie freien Lauf.

—

Melanie Schliepenstein, gerade sechzehn Jahre alt, mittelmäßige Gymnasialschülerin und gegen den Willen ihres Vaters bei der Kameradschaft Bergisch Land aktiv, lag in einem hellen Einzelzimmer. Sie war Privatpatientin. Auf eine polizeiliche Bewachung hatte man verzichtet. Gegen eine Sechzehnjährige wäre es aussichtslos gewesen, wegen einer Körperverletzung Haftbefehl zu beantragen.

Murat zog sich einen Stuhl ans Bett und sah sich bösen Blicken ausgesetzt.

»Ich habe nicht um Besuch gebeten«, sagte das Mädchen spitz.

Murat stellte sich vor und erklärte, sie hier vernehmen zu wollen.

»Ohne meinen Anwalt sage ich nichts.«

Murat lachte: »Ein schöner Spruch. Ich will Sie aber gar nicht als Beschuldigte wegen der Schlägerei vernehmen, sondern als Zeugin. Schließlich sind Sie auch Opfer. Sie sind angeschossen worden.«

Die folgende Hasstirade gegenüber dem linken Pack, das harmlose, rechtschaffene Deutsche mit Schusswaffen angreife, ließ Murat unkommentiert.

»Haben Sie noch Schmerzen«, fragte er.

Melanie verzog das Gesicht. Murat hatte den Eindruck, dass sie gleich weinen werde. Sie verkniff es sich aber.

Auf Fragen, wer den Überfall auf das Konzert angeführt habe, antwortete sie nicht. Wer auf sie geschossen habe, konnte sie nicht beantworten.

Immerhin redete sie mit Murat. Er versuchte, vom Thema abzulenken, und kam auf ihren Musikgeschmack zu sprechen. Er sei ja auch auf diesem Konzert gewesen und habe die Bands, die dort spielten, gar nicht schlecht gefunden, erzählte er im Plauderton. Seine eigene Tochter sei erst zwölf Jahre alt; aber auch sie finde solche Musik gut.

»Pfff«, machte Melanie nur. Über ihren eigenen Musikgeschmack wollte sie sich auch nicht äußern.

»Dürfen Türken eigentlich in Deutschland Polizisten

sein?«, platzte es aus ihr heraus.

»Falls Sie mich meinen«, sagte Murat, »ich bin Deutscher.«

Das entlockte ihr nur ein weiteres »Pfff«.

Murat änderte seine Taktik.

»Benni ist tot, erschossen.«

Das kam überraschend. Melanie schossen Tränen in die Augen. Ihr wütendes Geschrei nach Rache, verbunden mit allen Beleidigungen und Schimpfwörtern, die ihr einfielen, konnten Murat nicht irritieren. Er sah in ihr ein noch in der Pubertät steckendes Mädchen, das allerdings einen gefährlichen Hang zur Gewalt hatte. Deshalb hatte er auch kein Mitleid mit ihr, im Gegenteil, er legte noch nach.

»Wir haben deine Fingerabdrücke auf einem Molli gefunden, der bei dem Brand- und Mordanschlag auf das AJZ benutzt wurde.«

Das stimmte zwar nicht. Zumindest konnte es nicht bewiesen werden. Murat musste jetzt aber so hart weitermachen, selbst wenn ihm das später als verbotene Vernehmungsmethode oder Täuschung ausgelegt würde. Er wollte endlich wissen, was sich tatsächlich abgespielt hatte.

Melanie durchschaute seine Taktik nicht.

Schlagartig wurde sie still. Erst schaute sie ihn groß an, dann versteckte sie ihr Gesicht im Kopfkissen.

Als sie es wieder hob und in Murats braune Augen schaute, die kein Lächeln oder Mitgefühl zeigten, schob sich ein Lauern in ihre eigenen Augen.

»Benni hat mir nicht gesagt, was er vorhatte. Ich hatte geglaubt, wir schmeißen die Mollis nur so zum Spaß auf Pappkameraden in unserem Camp. Wann das sein sollte, sagte er nicht. Danach habe ich ihn nicht wieder gesehen. Ich habe wirklich nur beim Abfüllen geholfen. Bei dem Brand war ich nicht dabei. Ich war die ganze Nacht zu Hause. Sie können meinen Vater fragen.«

Murat glaubte ihr kein Wort; aber er nickte.

»Was hat Kocher mit eurem Verein zu schaffen?«, fragte er.

Melanie kniff die Lippen zusammen und schluchzte. Es war nicht zu erwarten, dass sie noch weitersprechen würde.

Murat beugte sich vor, strich leicht über ihre verschwitzten Haare und stand auf. »Bete zu deinen germanischen Göttern, die verbrannte Frau möge überleben und dich nicht in deinen Träumen verfolgen.«

Das war gemein und brutal. Ein Mord aber ebenso. Mitgefühl konnte und wollte Murat sich nicht erlauben. Ohne ein weiteres Wort verließ er das Krankenzimmer.

Melanie saß eine ganze Zeitlang aufrecht in ihrem Bett, starrte gegen die Wand und griff dann zu ihrem Handy. Sie rief ihren Vater in der Kanzlei an.

Frank von Schliepenstein komplimentierte seinen Besucher überhastet aus dem Büro heraus. Das Gejammere des Wirtes vom »Deutschen Haus« konnte er sich jetzt nicht mehr länger anhören.

Kurz hintereinander seien das Ordnungsamt und dann auch noch die Lebensmittelüberwachung in seinem Lokal erschienen, immerhin einem der ersten Häuser am Platze. Was mache das denn für einen Eindruck auf seine Gäste, beschwerte sich der Mann. Er wolle nicht in den Streit zwischen Schliepenstein und der Stadtverwaltung hineingezogen werden. Schliepenstein hätte ihm versichert, die Veranstaltung in seinem Saal bliebe ohne Folgen, wenn als Mieter nicht Schliepenstein, sondern eine unverdächtige Person auftrete.

Ärgerlich winkte Schliepenstein ab. Er werde sich darum kümmern. Jetzt habe er Dringenderes zu tun.

Kaum hatte der Besucher die Tür hinter sich zugezogen, ließ Schliepenstein seiner zurückgehaltenen Wut freien Lauf. Mit Wucht schlug er auf die Schreibtischplatte, sprang auf und tigerte mit schweren Schritten in seinem Büro hin und her, als könne er so seine herumschwirrenden Gedankenfetzen einfangen.

Gestern Abend hatte er noch geglaubt, die Situation im Griff zu haben. Beckers Angriff auf Benni gab ihm die Möglichkeit, die Ermittler unter Druck zu setzen. Benni selbst hatte sich natürlich dämlich verhalten, jetzt aber war er tot.

Die Situation glitt Schliepenstein aus den Händen. Er war doch der Regisseur, der bestimmte, wie die Szenerie gestaltet werde.

Wer griff denn da in seinen Ablaufplan ein? Er fand keine plausible Erklärung, war maßlos wütend.

Für Trauer über Bennis Tod hatte er keinen Gedanken übrig.

Schliepenstein wählte Kochers Privathandy an und beschimpfte ihn, weil er von seiner Tochter die neuesten Entwicklungen erfahren musste, nicht von ihm. Kocher stammelte irgendetwas von »… schwerer Verkehrsunfall, hatte keine Zeit, dich zu informieren«.

Schliepenstein ließ die Entschuldigung nicht zu.

»Ich muss wissen, was in der Ermittlungsakte steht. Du

verschaffst mir eine komplette Kopie, und damit meine ich nicht die offizielle Akte für die Staatsanwaltschaft, sondern alle internen Hinweise, die dieser Cenk angelegt hat.«

»Wie soll ich denn da rankommen?«, versuchte Kocher den unangenehmen Auftrag abzuwimmeln.

»Quatsch dich nicht heraus«, herrschte Schliepenstein ihn an, »du hast doch heute Nachtdienst und du hast den Generalschlüssel. Da stehen dir alle Türen offen.«

Ein weiteres Lamentieren ließ er nicht zu, sondern legte grußlos auf.

Das, was ihm seine Tochter vorhin am Telefon erzählt hatte, erschreckte ihn. Nicht nur, dass seine Tochter tiefer in den Geschehnissen drinsteckte, als er glaubte, nein – auch seine Unbekümmertheit, die er bisher an den Tag gelegt hatte. Diesen türkischen Kommissar hatte er völlig unterschätzt. Er musste versuchen, ihn aus den Ermittlungen zu kicken. Mit den Leuten vom Staatsschutz käme er besser klar und dann war da ja auch noch sein Freund vom Verfassungsschutz.

Schliepenstein griff erneut zum Telefon.

—

Zurück im Büro traf Murat wiederum nur Schlupkothen an. Die Obduktion habe einiges an interessanten Ergebnissen ergeben, berichtete er. Benjamin Schlüter sei tatsächlich erschossen worden, wahrscheinlich schon Stunden, bevor man ihn aufgehängt hatte. Die Kugel steckte in einem Halswirbel. Manni sei mit ihr direkt nach der Obduktion in seine Technikgemächer entschwunden. Was genau er herausfinden wolle, habe er nicht gesagt.

Im Übrigen, so erzählte Schlupkothen weiter, sei die Leiche mit postmortalen Schürfwunden übersät.

»Olga, äh, ich meine Dr. Adamski schließt daraus, dass der eigentliche Tatort woanders als auf der Fußgängerbrücke sein müsste. Der Tote muss über eine längere Strecke durch die Gegend geschleift worden sein. Zwei parallel auf dem Rücken verlaufende Striemen lassen außerdem die Vermutung zu, die Leiche sei die Leiter entlang in die Höhe gezogen und dann nur in die Schlinge eingehängt worden. Jedenfalls wiesen die Leiterholme die gleiche Breite auf wie die Striemen auf dem Rücken.«

Schlupkothen malte eine Skizze, um sich verständlicher zu machen. Dabei erzählte er etwas von »schiefer Ebene« und »Hebelwirkung« und kam zu dem Schluss, dass durchaus eine leichtere Person diesen schweren Koloss Benni an die Laterne gehievt haben könnte.

Nun gut, Mathe und Physik waren nicht Murats Lieblingsfächer gewesen. Auf anderes verstand er sich besser.

»Auf jeden Fall wissen wir jetzt, dass Benni den Brandanschlag auf das AJZ verübt hatte und wahrscheinlich auch Melanie Schliepenstein beteiligt war«, berichtete Murat von seinem Krankenhausbesuch.

»Leider können wir es nicht beweisen und auch die Aussage des Mädchens nicht verwerten.«

Schlupkothens fragenden Blick beantwortete er mit einem bedauernden Hochziehen seiner Schulter: »Meine Befragungsmethode war nicht ganz legal.«

Schon vor einigen Minuten hatte sich auch Bielstein wieder eingefunden. »Was ist mit Melanie Schliepenstein?«, wollte er wissen. Er hatte nicht alles mitbekommen.

Murat erzählte es ihm noch einmal und nahm dabei Bielsteins Hände wahr, die der so heftig knetete, dass die Knöchel weiß hervortraten.

»Was ist mit dir?«, fragte er.

»Julia geht es schlechter«, murmelte Bielstein. »Sie hat jetzt auch noch hohes Fieber. Die Ärzte bekommen es nicht in den Griff.«

Fast hätte Murat »Beileid« gesagt. Vor diesem Affront bewahrte ihn Cora, die ihn sogleich hinauswinkte, weil sie ihn alleine sprechen wollte.

Murat wollte aber zunächst seine Geschichte loswerden. Als er erzählte, wie sie Benni gefunden hatten, vor allem wie er hingerichtet wurde, beobachtete er Cora genau.

Er glaubte sich in der Deutung der Gebärdensprache und der verräterischen Posen einer Körperhaltung geübt und wollte sehen, wie Cora reagierte.

Ihre Mimik und Haltung verrieten nichts. Nicht einmal überrascht schien sie zu sein.

»Fast wäre ich geneigt, den alten Spruch aus RAF-Zeiten noch einmal zu bemühen«, sagte sie ausdruckslos, »aber ich lasse es lieber.«

»Welchen Spruch?«

Murat war es, der seine Mimik nicht unter Kontrolle hatte. Er verstand nicht, was sie meinte. Sein Gesicht war eine einzige Frage.

»Den von der ›klammheimlichen Freude‹«, sagte sie; »aber wie gesagt, vergiss es.«

»Nicht dass du daraus noch falsche Schlüsse ziehen würdest«, fügte sie an.

»Warum sollte ich falsche Schlüsse ziehen?«

Murat zeigte sich jetzt regelrecht verwirrt.

Nachdem Cora erzählte, was sie von dem Psychologen

Holländer erfahren hatte, verstand er ihren Einwand.

»Ich glaube, wir sollten jetzt alle mal eine kurze Denk-
pause einlegen«, murmelte er. »Ich weiß bald selbst nicht
mehr, was ich denken soll.«

Die Kollegen beschlossen, vor Saschas Beerdigung gemeinsam zum Essen zu gehen. »Ich weiß nicht, ob der
Streuselkuchen, den Bielstein für die Trauerfeier bestellt
hat, unsere Mägen beruhigen wird«, versuchte Murat die
Stimmung aufzulockern.

Es lachte niemand.

Auf dem Weg nach unten kamen sie an Kochers Wache
vorbei. Aus einem plötzlichen Impuls heraus sprach Murat ihn an. »Wir gehen zum Italiener. Hast du nicht Lust
mitzukommen?«

Kocher war dabei, seine Aktentasche für den Nachhause-
weg zusammenzupacken.

Die Offerte überraschte ihn. So schnell konnte der Türke
ihn aber nicht einwickeln.

»Ausländisches Essen ist gequirlte Scheiße«, sagte er ihm
ins Gesicht.

Murat konterte die Beleidigung nicht. Er stichelte selber
noch ein wenig weiter: »Kommst du wenigstens mit zur
Beerdigung? Ist schließlich dein Parteifreund, der zu Gra-
be getragen wird.«

Darauf reagierte Kocher heftig, verkniff sich aber jedes
Wort. Was er auch gesagt hätte, es wäre die falsche Antwort gewesen.

Mit ausgefahrenen Ellenbogen drängte er die Kollegen zur
Seite und verschwand ohne ein weiteres Wort.

»Keine Antwort ist auch eine Antwort«, bemühte Murat
einen alten Spruch. »Er wollte gar nicht wissen, wieso ich

Sascha Koslowski als seinen Parteifreund bezeichnete.«

Bielsteins Gesicht zeigte sich fragend und auch Cora konnte sich keinen Reim auf Murats Ausführungen machen.

Als er ihre Gesichter sah, wurde ihm bewusst, dass er sich verplappert hatte. Nur Schlupkothen und er wussten ja über Kochers Parteiaktivität Bescheid.

Schnell wechselte er das Thema und erzählte, dass er einen Trupp der Einsatzhundertschaft bestellt habe für den Fall, dass rechte Krawallmacher auf dem Friedhof auftauchen würden.

Beim Stichwort »Krawallmacher« dachte Schlupkothen sofort wieder an Saschas Computer. Ihm kam eine Frage in den Sinn, die bisher niemand gestellt hatte.

»Woher wusste Benjamin Schlüter eigentlich, dass Saschas Computer auf dem Schrader-Hof zu finden war und er sich dort versteckt gehalten hatte?«

»Die Frage stelle ich mir schon die ganze Zeit«, sagten Cora und Murat fast gleichzeitig. Schlupkothen lachte.

Der Kontrast zwischen diesem Lachen und den ernsten Gesichtern der anderen versetzte Murat einen Stich. Ihm wurde bewusst, dass alle einen unterschiedlichen Informationsstand hatten. In ihrem Team stimmte etwas nicht.

Sie misstrauten sich, sprachen nicht offen miteinander, was auch an Murat lag.

»Zwischen uns muss einiges geklärt werden«, sagte er, »jetzt möchte ich aber nicht darüber sprechen. Lasst uns mal einen Augenblick an etwas anderes denken und uns nach der Beerdigung zusammensetzen.«

—

Saschas Beerdigung fand auf dem Waldfriedhof statt. Koslowski war in Begleitung seines Psychologen Holländer gekommen. Offensichtlich nahm der seinen Auftrag sehr ernst. Als die Polizisten zu ihnen traten, stellte Holländer sich vor und bat die Beamten, sich kurz um Koslowski zu kümmern.

Er zog Murat beiseite und fragte, ob Cora Beckers ihm von ihrer Unterredung berichtet habe.

Murat nickte und erzählte seinerseits, dass einer der Rechten, vermutlich deren Anführer, am frühen Morgen ermordet aufgefunden wurde. Das erschreckte Holländer. Koslowski sei bereits am Morgen bei ihm gewesen, sagte er. Er habe nicht den Eindruck gehabt, dass zuvor irgendetwas passiert sei, an dem Koslowski beteiligt war.

Nach wie vor habe er sich in wüsten Schimpftiraden über die Rechten ausgelassen und mehrfach geäußert, man müsse sie alle aufhängen.

»Aber das heißt nichts«, versuchte Holländer eindringlich zu erklären. Das sei vermutlich nur eine manische Verfestigung seiner Aversionen gegen alles Rechte.

»Hoffentlich«, murmelte Murat. »Ich möchte den Alten nicht wegen Mordes belangen müssen.«

»Ich habe in den nächsten Tagen vor, ihm erst einmal seine Höhenangst zu nehmen, um seine Panikattacken einzudämmen. Danach wird seine Psyche sich auch beruhigen.«

»Ihr Wort in Gottes Gehörgang«, seufzte Murat. »Ich denke, wir sollten wieder rübergehen.«

Nur wenige Trauergäste hatten sich um das offene Grab versammelt. Vier Gehilfen des Friedhofsgärtners ließen den schlichten Sarg an Seilen hinuntergleiten und zogen sich dann diskret zurück. Ein Pfarrer war nicht anwesend. Niemand hielt eine Rede. Selbst die obligatorischen Blumen hatte Bielstein, der das Ganze organisiert hatte, zu bestellen vergessen. Dank Cora hielten aber wenigsten die Kollegen je eine weiße Nelke in der Hand. Eine nach der anderen verschwand in der Grube, gefolgt von einer Schaufel Erde. Koslowski stand die ganze Zeit gebeugt da und flüsterte Unverständliches vor sich hin. Die Beileidsbekundungen der kleinen Gemeinde nahm er äußerlich regungslos hin.

Eine alte Dame, vielleicht eine Verwandte, nahm ihn in den Arm und drückte ihn kurz. Seine Arme blieben schlaff hängen. Abrupt drehte er sich um und ging mit gesenktem Kopf weg.

Die Frauen vom Schrader-Hof standen etwas abseits. Sie gingen ebenfalls. Murat nickte den Kollegen zu und auch sie bewegten sich gemächlich Richtung Ausgang. Nur der Psychologe Holländer stand noch einen Augenblick am Grab, eilte dann Koslowski hinterher.

»Weit und breit keiner der Nazis zu sehen«, sagte Murat, »als ob sie gewusst hätten, dass Sascha keiner der ihren mehr war.«

Er sprach ins Leere, denn seine Kollegen befanden sich schon ein ganzes Stück vor ihm, während er stehen geblieben war und dem Psychologen hinterherschaute.

Ein grauhaariger Mann, kaum älter als Murat, erhob sich von der Bank, auf der er gesessen hatte, und ging neben Murat her.

»Kennen wir uns?«, blickte Murat ihn fragend an.

»Nur flüchtig, Herr Cenk; aber Sie haben recht, sie wussten es.«

»Was meinen Sie?«

»Die Kameradschaft, oder zumindest einige wenige, wussten, dass Sascha die Seiten gewechselt hatte.«

Murats Erstaunen über das Gesagte war dem Mann verständlich. Er verstärkte es noch, als er wie beiläufig sagte: »Ich habe Ihnen übrigens eine Nachricht auf seinem Handy gesandt.«

»Was?« Murat blieb irritiert stehen.

Der Mann ging unbeirrt weiter, entfernte sich jetzt schnell. Über die Schulter sagte er noch: »Das Mädchen wird sterben. Behalten sie Frau Beckers im Auge.«

Wer das gewesen sei, wollten die Kollegen wissen, nachdem Murat sie wieder eingeholt hatte. Er wusste es selber nicht. Eine Vermutung wollte er nicht aussprechen, behielt lieber seine Gedanken für sich.

»Macht für heute Feierabend«, sagte er zu seinem Team. »Ich fahre noch einmal kurz ins Büro und dann auch nach Hause.«

Vom Friedhof zur Dienststelle waren es nur ein paar Hundert Meter. Murat stellte seinen Wagen auf dem oberen Parkplatz ab, lief zum Eingang hinunter und stürmte ins Gebäude.

»Halt!«, stoppte ihn der Spätschichtbeamte der Wache. »Hier ist eine Nachricht von ihrem Techniker.«

Murat hatte bereits die halbe Treppe nach oben genommen. Er drehte um und nahm den Zettel entgegen, den der Beamte ihm hinreichte.

Eine kurze Notiz von Manni besagte, dass die Kugel aus Schlüters Kopf von gleicher Art war wie auch die aus Saschas Schulter und die der nächtlichen Schießerei bei dem Konzert.

Wie diese Information einzuordnen sei, interessierte Murat jetzt weniger. Er lief weiter die Treppe hinauf.

Saschas Handy lag in dem Regal mit den Asservaten. »Zwei neue Nachrichten« zeigte es an. Murat benötigte eine Weile, bis er zwischen Schlupkothens Zettelwirtschaft das Codewort fand, um das Gerät freizuschalten. Hastig drückte er die Tasten. Eine Foto öffnete sich.

Von hinten war eine Frau abgelichtet, die einen langen Flur entlangschritt. Im Gang stand ein leeres Bett. Die Frau war eindeutig Cora und sie befand sich offensichtlich in einem Krankenhaus.

Die zweite Datei zeigte einen kurzen Film. Zunächst wurde das Objektiv gegen die Erde gerichtet. Schwarzweiß gekachelter Fußboden und ein Stück weißer Pantolette, wie Krankenschwestern sie tragen, waren zu sehen. Dann schwenkte das Bild nach oben und Murat sah wieder Cora. Sie kniete neben einem Krankenbett. Sie hauchte einen Kuss gegen die Schutzhülle, die den darunter liegenden Körper umgab. »Julie, ich schwöre dir, dass ich die Schweine hängen lasse, die dir das angetan haben.«

Die Nebengeräusche schluckten den Satz. Er war kaum zu verstehen. Murat ließ das Filmchen noch einmal ablaufen. »… dass ich die Schweine hängen lasse, die dir das angetan haben.« Murat hatte richtig gehört.

Erschüttert sank er auf einen Stuhl und schüttelte den Kopf. »Das glaube ich nicht.« Der Satz drehte eine Endlosschleife in seinem Kopf, ließ keinem anderen Gedanken freie Bahn.

Endlich rappelte er sich hoch, schaute erstaunt um sich und knipste eine Schreibtischleuchte an. Er musste lange so dagesessen haben. Die grau verwaschene Dämmerung war bereits ins beginnende Schwarz der Nacht abgeglitten.

Murat griff zum Telefon. Erst nach dem fünften Freizeichen meldete Schlupkothen sich.

»Bist du gerade in Reichweite deines Computers?«

Das war alles, was Murat zurzeit von seiner Kommunikationsfreude zur Verfügung stand. Schlupkothen war längst aufgegangen, dass aus seinem lässig verbindlichen Chef ein kurz angebundener geworden war, der seine Gedanken bei sich behielt und nur noch forderte.

Das konnte die Frohnatur Schlupkothen aber nicht hindern, bei sich selbst zu bleiben. Deshalb schickte er lachend ein »Immer« durch die Leitung, ohne zu bedenken, ob das gerade jetzt die richtige Antwort sei. Er wollte nur seinem Chef gegenüber ehrlich sein und ihn vielleicht mit seiner Fröhlichkeit aufmuntern. Aber der weitere Verlauf des so schön begonnenen Abends wurde dadurch für ihn ungünstig beeinflusst.

Murat hörte im Hintergrund Kichern und Gläserklirren. Ein schlechtes Gewissen bereitete ihm dies nicht.

»Bring deine Hackerqualitäten zum Einsatz und besorge mir alles, was du über Caroline Beckers finden kannst, inklusive ihrer Personalakte.«

Schlupkothen schluckte. Nicht einmal ein »Aber ...« brachte er heraus, als Murat auch schon sagte: »Einen schönen Abend noch«, und auflegte.

Meteorologisch betrachtet, zeigte sich die aufziehende Nacht nach einem respektablen Frühlingstag nicht wirklich von ihrer schönsten Seite.

Sternenklar illuminierte sie das Bergische Land, das noch vom leichten Frost beherrscht wurde. Er mühte sich redlich ab, die ersten blühenden Pflanzen zur Aufgabe zu zwingen. Er hatte keinen Erfolg. Es war wohl sein letztes

Aufbäumen. Der Frühling kündigte sich endgültig an.

Vor allem zwei Menschen waren es, die solches zurzeit gar nicht interessierte.

Da versuchte zum einen Murat Cenk, die widersprüchlichen Informationen, die ihn in letzter Zeit erreicht hatten, zu einem sinnvollen Ganzen zu verbinden. Befand er sich derzeit in einem von Rechten angezettelten Krieg oder waren es linke Terroristen, die ihr undurchsichtiges Spiel spielten? Murat befand, »Spiel« sei hier vermutlich der falsche Ausdruck, etwas Besseres fiel ihm aber nicht ein. Dennoch, er fühlte sich als Spielball rivalisierender Gruppen, deren Absichten er nicht durchschaute. Dass möglicherweise seine eigenen Leute oder gar der alte Koslowski in dieser Gemengelage eine verbrecherische Rolle eingenommen haben könnten, mochte er gar nicht weiter bedenken. Eines schien ihm aber klar: Er durfte niemandem vertrauen. Vielleicht war es auch falsch gewesen, Geheimnisse mit Schlupkothen zu teilen.

Ratlos verkroch er sich ins leere Bett. Seine Familie erwartete er erst in drei Tagen zurück.

Frank von Schliepenstein war der Zweite, der nicht mehr wusste, woran er war.

Sein Plan schien perfekt gewesen zu sein. Die wichtigsten Ziele hatte er verwirklichen können: Seine neue Partei war notariell eingetragen; er wurde von den Mitgliedern als Vorsitzender nominiert und es lagen alle anderen Voraussetzungen vor, um bei der Landtagswahl zugelassen zu werden. Sascha Koslowski konnte ihm nicht mehr dazwischenfunken. Der war ausgeschaltet. Von einer linken Terroristenbande.

Schliepenstein lachte bitter. Die Presse sprang auf dieses Pferd nicht so richtig auf. Dabei hatte er sich so viel Mühe gegeben, die Linken als Bösewichter dastehen zu lassen.

Die Polizei agierte auch nicht nach seinen Vorstellungen. Absolut nichts ließen sie verlauten. Keine Fahndungsaufrufe an die Bevölkerung, keine Details, eigentlich nichts wurde von ihnen öffentlich gemacht. Es schien, als ob sie im Geheimen ermittelten. Das konnte doch nicht alles von diesem unscheinbaren türkischen Kommissar gesteuert sein. Da mussten andere dahinter stehen.

Andererseits durfte er diesen Cenk nicht unterschätzen. Das war Schliepenstein nach dem langen Gespräch klar geworden, das er im Krankenhaus mit seiner Tochter geführt hatte – aggressiv geführt hatte. Schliepenstein war entsetzt, wie tief seine Tochter in die Aktivitäten der Kameradschaft verstrickt war. Viele Tränen flossen. Von »Internat« und »Taschengeldentzug« war die Rede. Dem Töchterchen war alles recht, wenn ihr Vater sie nur aus diesem Schlamassel herausholen würde.

Er würde es schaffen. Da war er sich sicher.

In seinem Kopf entstand bereits eine Vorstellung davon, wie dem unsäglich dämlichen Benni alles in die Schuhe zu schieben sei. Seine Tochter wäre nur eine unwissende, naive Helferin gewesen, die nicht wusste, wozu man sie missbraucht hatte.

An den anderen Verletzten, der nach der Schießerei in das Gefängniskrankenhaus in Fröndenberg eingeliefert worden war, verschwendete er keinen Gedanken. Sollte er dort doch versauern. Mit ihm hatte er nichts zu schaffen. Überhaupt wollte er mit diesen ganzen Tölpeln der Kameradschaft nichts mehr zu tun haben. Er wüsste sowieso nicht, wen von ihnen er ins Vertrauen ziehen könnte. Er konnte nur hoffen, dass Benni nichts von ihren geheimen Kontakten erzählt hatte.

Die Frage war nur, was Sascha Koslowski alles gewusst hatte, was er noch auf seinem Computer versteckt hielt und welche Informationen er bereits weitergegeben hatte.

Dass Benni nicht bereits bei seinem ersten Einbruchsversuch auf dem Schrader-Hof an den Laptop gekommen war, hatte ihm große Bauchschmerzen bereitet. Zu Recht, wie sich nun zeigte.

Schliepenstein unterbrach seine Grübelei. Er schaltete den Fernseher ein. Mehr als warten konnte er zurzeit nicht. Warten, dass Kochers nächtliche Schnüffelei ihm Erkenntnisse über die tatsächlichen Ermittlungsergebnisse der Polizei erbrachte.

Erst danach würde er sich über eine neue Strategie Gedanken machen.

—

Kocher konnte es kaum erwarten, dass seine Einsatzfahrzeuge ihren Streifendienst aufnahmen. Endlich waren alle unterwegs und er alleine auf der Wache. Sein stationäres Funkgerät leitete er auf mobilen Betrieb um, schloss die Wache ab und stieg in dem verwaisten Gebäude die Treppe zu Beckers Büro hinauf.

Er hatte erwartet, einen Schrank oder eine Schreibtischschublade aufbrechen zu müssen, hatte sich extra mit einem Bund alter Schlüssel versorgt, die als Dietriche zu verwenden wären. All das war nicht notwendig.

In schöner Ordnung standen die Akten aufgereiht in einem offenen Regal. Seine Neugier ließ ihn zunächst nach einem Ordner greifen, der keine Beschriftung aufwies, allerdings gefüllt war. Er öffnete den Aktendeckel und las das Deckblatt. Erleichtert lachte er auf. Es war genau das, was er gesucht hatte.

»Interne Hinweise – nur für den Dienstgebrauch« stand dort, rot umrandet.

Die anderen Ordner mit den Kopien der offiziellen Ermittlungsakte beachtete er nicht weiter. Die würde Schliepenstein als Anwalt sowieso von der Staatsanwaltschaft erhalten.

Noch einmal lauschte er in sein Funkgerät hinein. Bis auf ein leises Rauschen blieb es ruhig. Die Kollegen draußen hatten nichts zu vermelden. Eile war somit nicht geboten. Kocher setzte sich und begann zu blättern.

Seite um Seite wurde ihm mulmiger. Zu oft las er seinen Namen. Und es waren beileibe keine kleinen Dienstvergehen, die dort niedergeschrieben standen.

Am Schluss der Akte befand sich ein gesonderter Hefter. »Unterlassene Hilfeleistung« und »Körperverletzung im Amt« stand auf dem ersten Blatt. Der Vorfall mit Siggi Schrader wurde dort geschildert mit einer umfangreichen Zeugenaussage und Fotos, die das lädierte Gesicht des Mädchens zeigten.

Nicht genug damit. Es folgte eine weitere Zeugenaussage, gefertigt von seinem jungen Kollegen, der ihn auf dieser Einsatzfahrt begleitet hatte. Der drückte sich umständlich aus und bog die Sätze. Man konnte erahnen, wie er versuchte, die Sache kleinzureden, wie er sich wand und schwitzte. Trotzdem war es eine klare Anschuldigung gegen Kocher geworden.

Auch Kocher stand nun der Schweiß auf der Stirn.

Erschlagen sank er in den Stuhl zurück, wollte die Akte

zuklappen. Da bemerkte er den Umschlag. Er klemmte hinter dem letzten Blatt und trug eine mit dickem Rotstift unterstrichene Aufschrift: »Vertraulich. Nur für die Handakte der Staatsanwaltschaft«.

Der Umschlag war zugeklebt und versiegelt. Mit zitternden Händen riss Kocher ihn auf. Entsetzt sank er noch mehr in sich zusammen. Das gesamte Dossier, das Sascha Koslowski über ihn erstellt hatte, befand sich in ihm.

Die Blätter entglitten Kochers Händen. Lose eingesteckte Fotos lösten sich, trudelten zu Boden.

Kocher sah ihnen hinterher, und er sah sich auf dem Schießstand des Camps, umgeben von den rechten Kameraden. Sie hantierten mit seiner Dienstwaffe herum. Er korrigierte Bennis Hand bei der Schussabgabe.

Ein Stöhnen entrang sich seiner Brust.

Seine Dienstwaffe. Hatte Schliepenstein nicht gebeten, ihm diese Waffe einmal zu leihen? Hatte er nicht gesagt, er wolle ohne großes Tamtam einem Karnickel in seinem Garten den Garaus machen? War das nicht der Tag gewesen, bevor Sascha Koslowski auf so merkwürdige Art und Weise ums Leben kam?

Zwischen seinen wirbelnden Gedanken tauchte eine dringende Frage auf: Hat Cenk das bisher wirklich alles geheim gehalten? Hat er nichts davon in die offizielle Ermittlungsakte einfließen lassen?

Kocher stürzte zum Regal, riss die Hauptakte heraus und blätterte hektisch die Seiten durch. Zweihundert schon. Sein Name tauchte nicht auf.

Etwas ruhiger klappte er die Akte zu, griff zum nächsten Band. In ihm befanden sich nicht mehr viele Seiten. »Zwischenbericht zur Erlangung eines Haftbefehls« stand auf den letzten Blättern.

Aha, hatten sie doch eine konkrete Person im Auge! Kocher war gespannt, wer es war. Es musste einer aus der Kameradschaft sein; aber wer?

»Nein!«

Kochers Schrei hallte dumpf durch das leere Gebäude.

Er, er war es.

»… rege ich daher an, Haftbefehl gegen Polizeihauptkommissar Michael Kocher wegen Verdacht des Mordes zu beantragen«, hatte Cenk geschrieben, dieser Scheißtürke.

Kocher sank auf den Boden, vergrub seinen Kopf in die Hände.

Sein Privathandy ließ ihn aufschrecken. Es kündigte ein Gespräch von Schliepenstein an. Kocher drückte es weg, schaltete das Handy aus, schaltete auch sein Funkgerät aus, dann noch die Schreibtischlampe, und saß dann in dem dunklen Büro und starrte gegen die schummerige Wand. Eine Antwort fand sich dort nicht. Eine Antwort auf die einzige Frage, die jetzt noch blieb: »Was nun?« Gleich darauf berichtigte er sich. Er war es, der irgendeine Initiative ergreifen musste, sonst wäre er verloren. Die Frage lautete also: »Was tun?«

Zunächst zerriss er das ganze Papier, das ihn ins Unglück stürzen würde, in kleine Fetzen. Als Nichtraucher besaß er kein Feuerzeug. Verbrennen konnte er es nicht.

»Das ergibt keinen Sinn«, sagte er sich in einem klaren Moment. »Diese gesammelten Erkenntnisse sind sicherlich noch an anderen Stellen festgehalten.«

Wieder überlegte er. Im Grunde genommen gab es keinen Ausweg.

Er überdachte sein bisheriges Leben. Ein anderer Ausdruck als »verpfuscht« fiel ihm nicht ein.

Seit zehn Jahren war er geschieden. Er wusste nicht einmal, was seine Frau in diesen zehn Jahren gemacht hatte, wie sie lebte, wo sie lebte. Es gab keinerlei Kontakt mehr. Seine Tochter hatte einen Ausländer, einen Iraner, geheiratet. Mit ihm und ihren beiden Kindern lebte sie in den USA. Seine Enkel hatte er nie zu Gesicht bekommen. Selbst Geburtstagswünsche an seine Tochter blieben unbeantwortet.

Sein Sohn, ebenfalls Polizeibeamter, verweigerte jeglichen Kontakt zu ihm.

Wen hatte er noch? Schliepenstein? Schliepenstein benutzte ihn nur, wenn es dessen eigenen Zwecken diente.

Die Frage blieb: »Was tun?«

Die weitere Nacht blieb für die Streifenbeamten draußen auf den Straßen ruhig. Keinerlei Einsätze belästigten sie. Von sich aus die Wache zu kontaktieren, verkniffen sie sich. Nach den Turbulenzen der letzten Tage waren sie froh, in Ruhe gelassen zu werden.

Gegen sieben Uhr rief ein aufgeregter Geschäftsmann auf der Wache an. Die gesplitterte Scheibe seiner Ladentür ließ ihn nichts Gutes ahnen. Er wollte einen Einbruch melden. Eine Automatenstimme sagte ihm, dass die Wache zurzeit nicht besetzt sei. Er würde in Kürze zur Polizeileitstelle in Bergisch Gladbach weiterverbunden werden.

Kurz darauf steuerte ein übermüdeter Murat den für Polizeifahrzeuge reservierten Stellplatz in der Tiefgarage an. Zu seinem Erstaunen erwartete ihn dort Schlupkothen, dessen zerknitterte Gesichtszüge auch nicht auf eine entspannte Nacht hinwiesen.

»Schau dir das an, bevor du ins Büro hinauf gehst«, hielt er seinem Chef einen Schnellhefter hin.

Caroline Beckers, Kriminaloberkommissarin, 29 Jahre alt, ledig, wohnhaft in Bergisch Born, las Murat.

»Ich hätte sie jünger eingeschätzt«, murmelte er. Schlupkothen sagte nichts, bis Murat zu der Kopie ihrer Personalakte kam. »Erstaunlich«, meinte er dann, »keinerlei Karriereknick, trotz dieses Vorfalles.«

Murat sah, was er meinte: Eine Freundin Coras war von einem Kollegen sexuell belästigt worden, fast schon vergewaltigt, so las es sich. Cora hatte ihn nicht nur zur Rede gestellt, sie malträtierte ihn derart, dass er für einige Tage krankgeschrieben werden musste. Angezeigt hatte er sie trotzdem nicht. Eine dienstliche Verwarnung war alles, was Cora an Konsequenzen zu tragen hatte.

»Ja, kämpfen kann sie«, meinte Murat trocken.

Schlupkothen sagte immer noch nichts. Er hielt die Eisentür zum Treppenhaus für seinen Chef auf, und erst jetzt fragte er, warum Murat ihn um diese Informationen gebeten hatte. Murat ging schweigend vorbei.

»Schade, dass du auch mir misstraust«, sagte Schlupkothen leise.

Vor der Tür zur Wache trafen sie auf die Besatzung eines Streifenwagens, die ihren Nachtdienst beenden wollte. »Abgeschlossen«, meinte einer der Beamten und zeigte auf die Tür. Es klang ein wenig ratlos.

Murat und Schlupkothen gingen achtlos vorbei. Beide hingen ihren Gedanken nach. Bevor sie Cora Beckers Büro erreichten, fasste Murat Schlupkothen an die Schulter. »Ich erkläre es dir später«, sagte er.

Coras Büro war auch abgeschlossen.

»Sind hier heute alle ausgesperrt?«, trat Schlupkothen

gegen die Tür. Seine Wut galt nicht ihr, sondern eigentlich Murat. Dessen Gedankengänge konnte er nicht nachvollziehen. Wollte der die Ermittlungen alleine durchziehen? Sie arbeiteten doch im Team, in dem alle Mitglieder auch alle Ermittlungsergebnisse kennen müssten. Was sollte diese Geheimniskrämerei?

Ein erneuter Fußtritt bewegte die Tür einen Spalt.

»Verklemmt«, schmiss er sich nun mit voller Wucht dagegen. Der Spalt vergrößerte sich, ließ seinen massigen Körper aber nicht hindurch.

Murat schob ihn beiseite und lugte durch den Spalt.

Hinter der Tür saß Kocher. Er kippte jetzt langsam zur Seite. Murat schaute ihm ins Gesicht, von dem nicht mehr viel übrig war. Ein Glas lag zwischen seinen Beinen. Die Pistole hielt er noch in der schlaff herunterhängenden Hand.

»Hat sich den Mund mit Wasser gefüllt und sich so mit einem Schuss den halben Kopf weggesprengt«, erklärte Manni später lapidar, als er die Asservate einsammelte.

—

Manni machte nicht viel Federlesens um den toten Kocher. Nur eine kurze Leichenbeschreibung sprach er in sein Diktafon. Genaueres mache doch sicher die Gerichtsmedizinerin, meinte er. Schlupkothen habe sie bestimmt bereits informiert. Dafür fing er sich einen bösen Blick ein.

Den restlichen Tatort – beziehungsweise Leichenfundort, berichtigte er sich – könne Cora übernehmen. Es sei schließlich ihr Büro.

Das Geschoss hatte ein riesiges Loch in Kochers Hinterkopf gerissen. Das dünne Türblatt, an das er gelehnt saß, hatte die Kugel nicht aufhalten können. Manni fand sie im Treppenflur vor der gegenüberliegenden Wand. Triumphierend hielt er sie hoch, verstaute sie wie einen Schatz in eine Dose und verschwand in Richtung seiner eigenen Räume. Ein vager Verdacht trieb ihn um. Ihn jetzt schon zu äußern, wäre verfrüht gewesen.

Murat ließ ihn ziehen. Das restliche Team dirigierte er in Bielsteins Büro. »Ich bin euch eine Erklärung schuldig«, kündigte er an.

Kochers Leiche überließen sie den Gaffern, die vom Leiter der Station bis zur letzten

Schreibkraft alle einen Blick durch die Tür werfen wollten. Einen weggeschossenen Kopf sieht man ja nicht alle Tage.

Murat glaubte immer, ein Gespür für Schwingungen aller Art zu haben, für Zwischentöne des menschlichen Miteinanders. Er galt als guter Vernehmungsbeamter, der sich in sein Gegenüber einfühlen konnte. Bisher hatte er noch jeden zum Reden gebracht. Und redete ein Beschuldigter erst einmal, war es nur noch eine Frage der Zeit, bis der entscheidende Satz kam: »Ja, ich war's.« Vorausgesetzt, es tauchte kein Rechtsanwalt auf, der seinem Schützling jedes Wort verbat.

Hier befand sich kein Anwalt im Raum. Es galt auch nicht, ein Geständnis zu erlangen. Er musste seinem Team nur erklären, dass sie zwar alle für ihn arbeiteten, er aber nicht für sie. Er hatte ihnen Ermittlungsergebnisse vorenthalten, hatte Geheimnisse vor ihnen, die bei diesem sensiblen, verworrenen Fall vielleicht berechtigt waren, die aber auch belegten, dass er ihnen misstraute.

In den letzten Tagen hatten sie Haarsträubendes durchgemacht, gemeinsam. Sie versuchten ohne Rücksicht auf Dienstzeiten oder private Belange, eine Serie von Straftaten aufzuklären, die losen Fadenenden, die hinter jedem einzelnen Fall baumelten, zu verbinden, ein Motiv für all das zu finden.

Murat war ein Fremder in der Wermelskirchener Dienststelle. Er hatte sich hier wie selbstverständlich zum Chef erklärt.

Nun hatte sich einer aus ihrer Mitte erschossen. Murat wusste, warum.

Es half nichts, er musste jetzt alle Karten auf den Tisch legen und gleichzeitig eingestehen, dass er mit seinem Latein am Ende war. Vielleicht haben sie dann Mitleid mit mir, wenigstens Verständnis, dachte er und spürte einen bitteren Geschmack seine Speiseröhre hinaufschleichen.

Die Kollegen standen im Raum verteilt, die Gesichter Murat zugewandt. Nur Bielstein hatte sich in seinen Bürostuhl gesetzt. Auch er schaute Murat abwartend an.

Murat räusperte sich: »Kocher hat in meinen Unterlagen geblättert und dort gelesen, dass ich einen Haftbefehl gegen ihn beantragt habe«, sagte er in die Runde. »Wahrscheinlich hatte er keinen Ausweg mehr für sich gesehen.«

Das erklärte noch nichts. Sie warteten.

Erneutes Räuspern, und dann erzählte Murat, was Schlupkothen in Saschas Computer über Kocher gefunden hatte.

»Er hatte auch andere Dateien angelegt. Zum Beispiel eine, die ursprünglich nur mit einem großen S betitelt gewesen war. Die ist allerdings gelöscht worden, und zwar so, dass ich da nicht mehr drankomme«, fügte Schlupkothen an.

»Sascha hatte sich schon als Kind mit Computern beschäftigt«, wusste Bielstein, worauf Schlupkothen nur ärgerlich knurrte: »Ich auch.«

Dann herrschte erst einmal Stille – weniger wegen Kochers rechtsradikaler Aktivitäten, das überraschte keinen so richtig, mehr darüber, dass Murat es vor ihnen geheim gehalten hatte.

Was sollte man dazu sagen und was bedeutete das?

»Suchst du den Täter in unseren Reihen?«, fragte Cora rundheraus, »oder warum hast du uns das verschwiegen?«

Murat stotterte herum. So eine blöde Situation hatte er selten erlebt.

»Natürlich nicht«, entschuldigte er sich. »Ich weiß selber nicht, warum ich euch diese wichtige Information vorenthalten habe.«

Unverständnis und Ärger zeichnete Coras und Bielsteins Gesicht, während Schlupkothen betreten zu Boden schaute.

»Lasst uns das mal einen Augenblick vergessen und lieber den Sachstand diskutieren«, versuchte er die Situation zu entkrampfen.

Ohne Widerspruch gingen die anderen sofort darauf ein, obwohl ihnen klar war, dass die Diskussion damit nicht ausgestanden war.

Murat begann mit der Frage, warum Sascha diese Informationen gesammelt hatte, und vor allem, für wen.

Eine geplante Erpressung sei wohl ausgeschlossen. Darüber waren sie sich einig. Da er bei den Rechten aussteigen wollte, lag die Vermutung nahe, er habe die Dossiers für Exit gefertigt. Als Gegenleistung für deren Hilfe.

»Deshalb wollte Benjamin Schlüter unbedingt in den Besitz von Saschas Computer kommen, denn er wurde ja durch diese Aufzeichnungen auch schwer belastet«, meinte Schlupkothen. »Das könnte auch ein Motiv für Saschas Ermordung sein«, spekulierte er weiter.

Die anderen nickten zustimmend.

»Wenn es so war«, sagte Murat, »dann müssen wir davon ausgehen, dass seine Kameraden oder ehemaligen Kameraden von seinem geplanten Ausstieg wussten, darüber hinaus sein Versteck auf dem Schrader-Hof kannten und auch gewusst hatten, dass er über sie Dossiers angelegt hatte.«

Das klang schlüssig. Fast gleichzeitig sprachen sie alle eine Frage an, die sich zwangsläufig stellte: »Wer ist das, der das alles gewusst hatte?«

Das war überhaupt die alles entscheidende Frage, auf die allerdings niemand von ihnen eine Antwort geben konnte.

»Könnten wir die klären, dann hätten wir auch unseren Fall geklärt.«

Bielstein konnte Murat nicht mehr ganz folgen. »Welchen Fall meinst du denn?«, wollte er wissen.

Murat legte seine Theorie dar, die davon ausging, dass Sascha von seinen eigenen Kameraden getötet wurde. Um diesen Tod zu begründen und gleichzeitig von sich selber abzulenken, mussten sie das den Linken in die Schuhe schieben.

Also setzten sie das AJZ in Brand. Damit auch der Letzte darauf kommen konnte, dass es die Rechten waren, die diesen Anschlag verübt hatten, beklebten und beschmierten sie die Stadt mit ihren Parolen. Sie erfanden dann eine linke Terrorgruppe, die sich angeblich für den Brandanschlag rächte und Sascha umbrachte.

»Das ist alles schön von dir vorgetragen worden«, wandte

Schlupkothen ein, »doch beweisen können wir davon nichts.«

Bielstein hatte noch einen anderen Einwand anzubringen. Er erinnerte an die Demo der Autonomen vor Schliepensteins Haus, an das Konzert und die Schießerei auf dem Platz.

Dazu hatte Cora über ihre Mittelsfrau Siggi recherchiert. Die wusste zwar, dass das Konzert von den Autonomen organisiert worden war, nichts aber von den anderen Aktionen.

»Und dann hätten wir noch diesen unseligen Benjamin Schlüter, der uns an die Laterne gehängt wurde«, sagte Murat und wandte sich Cora zu: »Erzähl mal.«

Cora wusste, worauf Murat anspielte, blieb aber mit einem Seitenblick auf Bielstein stumm.

Da sie keine Anstalten machte, von ihrem Gespräch mit dem Psychologen zu berichten, übernahm Murat diesen Part. Die Blicke der Kollegen waren skeptisch. Koslowski sollte diesen Koloss Schlüter umgebracht haben? Ungläubiges Kopfschütteln, außer bei Bielstein. Er flippte regelrecht aus. Wie man überhaupt auf die Idee kommen könne, dem harmlosen Koslowski eine solche Tat zuzuschreiben? Das sei ja wohl die allerletzte aller hirnrissigen Theorien, die hier ausgebreitet würden. Er wolle sich das nicht weiter anhören, schließlich habe er sich um seine Tochter zu kümmern und gehe deshalb jetzt.

»Wahrscheinlich war das auch der große Unbekannte, der einen weiteren Mitwisser loswerden wollte«, schmiss er wütend die Tür hinter sich zu.

»Toll«, kommentierte Cora, meinte damit aber nicht Bielsteins Wutausbruch, sondern Murats Geschick, den Unfrieden weiter zu schüren.

Murat verstand ihren Sarkasmus. Es musste jetzt aber alles einmal offen gesagt werden, sonst könnten sie hier gleich einpacken.

»Okay, für dich habe ich auch noch was«, sagte Murat mit verkniffenem Gesicht und holte Saschas Handy.

Mit großen Augen sah Cora sich das kurze Filmchen an, sah sich an Julias Krankenbett knien und hörte sich sagen: »Julie, ich schwöre dir, dass ich die Schweine hängen lasse, die dir das angetan haben.«

Mit offenem Mund starrte sie Murat an, schaute wieder auf das Handy, wollte etwas sagen, aber blieb sprachlos.

»Du hast schon einmal jemanden halb totgeschlagen, der deine Freundin verletzt hatte«, sagte Murat leise. »Wo warst du in der Nacht, in der Schlüter aufgehängt wurde?«

Cora klappte den Mund zu, schaute von Murat zu Schlupkothen, wieder zurück, und versetzte Murat eine Ohrfeige.

»Ihr könnt mich alle mal«, stapfte auch sie aus dem Büro hinaus.

»Ich habe das Video doch nicht gedreht«, murrte der Geohrfeigte und rieb sich die Wange.

»Und nun?«, fragte Schlupkothen hilflos. »Löst du die Kommission auf?«

Murat schwieg. Er wusste selbst nicht, was er jetzt machen sollte.

Ein Letztes gab es noch, das er seinem Team auch nicht erzählt hatte: der Mann auf dem Friedhof. Er hatte gesagt, »sie« hätten gewusst, wo Sascha zu finden war. Damit meinte er offensichtlich andere, zu denen er nicht zählte. Wer war dieser Mann? Zu welcher Gruppe gehörte er?

Der Ansatz einer Lösung zeigte sich nicht. Lediglich von

Kocher konnten sie behaupten, er sei Mitglied der Kameradschaften gewesen und habe Straftaten begangen, möglicherweise auch Sascha getötet. Wer aber steht hinter dem Brandanschlag, der Schießerei, und wer hat den Mord an Schlüter verübt?

»Ich muss noch einmal mit Klaus sprechen«, sagte Murat. »Ich fahre nach Köln.«

»Wenn's hilft«, murmelte Schlupkothen. Er saß schon wieder über Saschas Computer und versuchte sich an den gelöschten Dateien.

An der Tür stieß Murat mit Manni zusammen, der mit einer Schachtel wedelte.

»Habe ich was verpasst?«, schaute er verwundert in die verkniffenen Gesichter des Restteams.

Er selber strahlte und rappelte wieder mit seiner Schachtel. »Ich hatte es geahnt«, verkündete er, »alles 9 × 19, Action 4«.

Weder Murat noch Schlupkothen wollten wissen, was er damit sagen wolle. Er erklärte es trotzdem: »Alle Geschosse, die wir bei den Verletzten und den beiden Toten sichergestellt haben, inklusive dem, das Kochers Kopf durchschlug, stammen aus der gleichen Produktion. 9 × 19, Action 4. Das ist Polizeimunition.«

»Schön«, klopfte ihm Murat auf die Schulter und ließ Manni verdattert stehen.

Murat steuerte schon auf das Leverkusener Kreuz zu, als
ihm aufging, was Manni gesagt hatte.

Er kramte sein Handy hervor und vollführte dabei einen
gefährlichen Schlenker. Wildes Hupen des neben ihm
fahrenden Fahrzeuges ließ ihn erschreckt zur Seite schau-
en. Kein Polizeiwagen. »Stell dich nicht so an«, bedeutete
er dem Fahrer durch Handzeichen. Der zeigte ihm einen
Vogel und zog vorbei.

Manni war beleidigt, als Murat ihn beauftragte, die gesicherten Projektile mit Kochers Waffe abzugleichen. Als ob
er nicht selber schon daran gedacht hätte.

»Bin schon dabei, dauert aber«, sagte er knapp und legte
auf. Unhöflich konnte auch er sein.

Beim Staatsschutz in Köln rannte Murat gegen verschlos-
sene Türen an. Die Geschäftszimmerdame verkündete,
dass alle unterwegs seien.

»Und Klaus?«

»Herr Malmann ist heute Morgen nach Wuppertal gefahren. Sie hätten sich anmelden sollen«, sagte sie vorwurfsvoll.

Dass heute nicht sein bester Tag war, wusste er selbst. Auf
Belehrungen dieser Art konnte er trotz allem gut verzich-
ten. Sein »Einen schönen Tag noch« klang deshalb auch
gar nicht freundlich.

Den Anruf bei Klaus holte er im Treppenhaus nach. Er
habe noch den ganzen Tag bei seinen Amtskollegen in
Wuppertal zu tun, wollte der ihn abwimmeln. »Was willst
du denn?«

Murat wollte das am Telefon nicht sagen. Er müsse ihn

persönlich sprechen, und zwar dringend.

»Dann komm halt her«, willigte Klaus ohne große Begeisterung ein.

Seit nunmehr fast einer Woche hatte Murat sich nicht mehr im Wuppertaler Präsidium blicken lassen. Er wollte die Gelegenheit wahrnehmen, bei einigen Hallo zu sagen und sich mit den neuesten Informationen zu versorgen. Es würde überwiegend interner Klatsch sein; aber das war manchmal auch interessant.

Er begann bei der Pförtnerin, die ihn wie einen lange Vermissten begrüßte. Das hellte seine Stimmung ein wenig auf.

Beschwingt stieg er die Treppen hinauf. Die Sonne schien schräg durch die mit Ornamenten versehenen Scheiben der Hoffront.

Murat hatte von dem verheerenden Bombenangriff auf Barmen im Mai 1943 gelesen. Obwohl fast die gesamte Talachse den Bomben zum Opfer gefallen und der Rest durch den gewaltigen Flächenbrand vernichtet worden war, war das Polizeipräsidium weitestgehend unbeschädigt geblieben. Das ebenfalls zerstörte Rathaus zog danach ins Präsidium um, das seit September 1939 Zentrale der Gestapo gewesen war.

Später, nach dem Krieg, zog die englische Besatzungsverwaltung in das Gebäude ein. Dann wieder, wie ursprünglich auch, die Polizei.

Alle hatten am und im Gebäude ihre Spuren hinterlassen. Die der Nazis wurden penibel entfernt. Monumentale Wandgemälde im Treppenhaus wurden überputzt, vor einigen Jahren als Denkmäler allerdings wieder freigelegt.

Unbeabsichtigt blieb in einem der Fensterornamente ein Hakenkreuz stehen. Es wurde nicht vollständig herausgeätzt, und wenn – wie jetzt auch – die Sonne schräg hereinschien, wurde es sichtbar.

Nie hatte Murat sich so darüber geärgert wie heute. Seine gute Laune verflog schon wieder. Die verdammten Nazis verfolgten ihn bis in seine heimatliche Dienststelle.

Oben beim Staatsschutz saßen Klaus und sein Wuppertaler Kollege beim Kaffee.

»Wir haben gerade über dich gesprochen«, sagte der Kollege statt einer Begrüßung. Murat kannte ihn nicht.

»Was haben Sie denn über mich zu reden?«

Der Mann bemerkte die Spitze nicht und duzte Murat weiterhin.

Eigentlich sei es um Schliepenstein gegangen, erklärte er. Der sei auch in Wuppertal als rechter Agitator kein Unbekannter. Seine aggressive Rhetorik habe schon so manchen Tumult ausgelöst. Zum Erstaunen der Dienststelle habe Schliepenstein sich als Informant angeboten. Er könne die Strukturen der bergischen Kameradschaften offenlegen. Deren Gewaltpotenzial sei ihm ein Dorn im Auge. Die rechten Schläger würden nur die seriösen konservativen Parteien in Misskredit bringen. Es würde Zeit, diesen Sumpf trockenzulegen.

»Hat er wirklich ›seriöse konservative Parteien‹ gesagt?« Murat glaubte, sich verhört zu haben.

»Genau so. Als erste Gegenleistung wollte er mich über dich ausfragen.«

»Und?«

»Ich kenne dich ja gar nicht. Dein Chef vom KK 11 teilte mir nur mit, dass du an einer Todesermittlungssache in

Wermelskirchen arbeitest.«

»Gut, mehr brauchen Sie auch nicht zu wissen«, sagte Murat und bat seinen Freund Klaus nach draußen. Er müsse ihn unter vier Augen sprechen. Sie ließen den Kollegen vom Staatsschutz verdutzt zurück.

Dieser saubere Rechtsanwalt von Schliepenstein schien eine Schlüsselperson zu sein, erklärte Murat seinem Freund. Kurz berichtete er von Kochers Suizid. Er habe den Eindruck, unter den Rechten fände ein Machtkampf statt, den ein Unbekannter steuert, der dabei die Gelegenheit wahrnimmt, unbequeme Mitwisser zu liquidieren. Überdies bestehe der Verdacht, dass außer Kocher noch weitere Polizisten darin verwickelt seien.

»Das kann ich jetzt nicht näher begründen«, sagte Murat, »jedenfalls stehe ich völlig auf dem Schlauch, habe aber eine Vermutung, wer mir weiterhelfen könnte.«

»Ich weiß weniger als du«, schüttelte Klaus den Kopf.

An ihn habe er auch nicht gedacht, meinte Murat, und erzählte von dem unbekannten Mann, der ihn auf dem Friedhof angesprochen hatte.

Er beschrieb den Mann und dessen leichten Sprachfehler. Ein kaum merkliches Lispeln, gepaart mit einem rheinischen Dialekt.

Der Verfassungsschutz sitze in Köln doch quasi bei Klaus um die Ecke. Er kenne sicherlich einige von ihnen.

»Wer also ist dieser Mann?«

Klaus schaute seinen Freund lange an.

»Ich darf dir keine Namen nennen«, antwortete er schließlich. »Diesen Mann kenne ich tatsächlich. Ich versuche, einen Kontakt herzustellen, kann aber nichts versprechen.«

»So schnell wie möglich«, bat Murat und verabschiedete sich mit Händedruck.

—

Zurück in Wermelskirchen, führten Murats Schritte gewohnheitsmäßig in Cora Beckers Büro. Eine scherzende Putzkolonne empfing ihn dort. Unter allerlei Witzchen versuchten sie, Herr über die Blut- und Gehirnmasse zu werden, die an Wand, Boden und sogar der Zimmerdecke klebte.

Kopfschüttelnd schloss er die Tür von außen und begab sich zu Bielsteins Büro. Dort traf er nur Schlupkothen an, der sich nicht von seinem Computer weggerührt hatte. Seine zotteligen Locken standen noch mehr ab als sonst. Es war zu vermuten, dass seine fahrigen Hände diesen Zustand der Ratlosigkeit dokumentiert hatten.

»Du hast Besuch. Kommt gleich wieder«, murmelte er abwesend zur Begrüßung.

Es war der Psychologe Holländer, der Murat sprechen wollte. Er druckste umständlich herum, bis er endlich zur Sache kam.

Er müsse noch einmal wegen Koslowski mit ihm sprechen.

Koslowski sei wieder bei ihm gewesen, und während dieser Therapiesitzung sei ihm durch den Kopf gegangen, dass seine Verdächtigungen, die er gegenüber Frau Beckers ausgesprochen hatte, nicht nur voreilig, sondern unüberlegt gewesen waren.

Murat wollte natürlich wissen, wieso er zu diesem Sinneswandel kam.

Er glaube nicht, so der Psychologe, dass Koslowski zu irgendeiner Gewalttat fähig sei. Dies jetzt näher zu erläutern, sei zu umständlich.

Murat solle es einfach hinnehmen und alles andere vergessen. Koslowski habe wegen des Todes seines Sohnes unter Schock gestanden.

»Er gibt sich eine Mitschuld daran und hat seine ganze Wut und Hilflosigkeit auf alles projiziert, was sich als Nazi ausgibt. Rein verbal, wenn Sie verstehen, was ich meine«, versuchte Holländer dann doch im Ansatz zu erklären.

»Sein eigentliches Problem sind seine Ängste, und die werden wir nun mit einer Strategie angehen, die schlicht lautet ›Sich seinen Ängsten stellen‹.«

Murat verstand nichts.

Holländer winkte ab. »Ist auch egal. Ich wollte ihnen nur sagen, dass Koslowski mit Sicherheit keinen Mord begangen hat, gar nicht dazu in der Lage ist.«

»Und was haben Sie nun vor?«

Man müsse an der Müngstener Brücke ansetzen, erläuterte Holländer. Die Brücke sei derzeit wegen Bauarbeiten gesperrt. Normale Züge verkehren nicht; aber ein Bauzug. Holländer lasse Koslowski so lange über die Brücke hin- und herfahren, bis er eine solche Fahrt ohne Panikattacke überstehe. Die Zustimmung der Bundesbahn habe er bereits in der Tasche.

»Wenn's hilft«, sagte Murat ohne Überzeugung. Ihm gingen andere Gedanken durch den Kopf und deshalb verabschiedete er den Psychologen recht schnell, sich wohl dessen bewusst, unhöflich zu sein.

Kaum hatte sich die Tür geschlossen, meldete sich Murats Handy.

Die Stimme des Anrufers erkannte er sofort. Murat wollte

gleich seine Fragen loswerden, der Mann unterbrach ihn jedoch abrupt. »Nicht am Telefon«, sagte er, »kommen Sie nach Köln, Marzellenstraße. Warten Sie vor St. Mariä Himmelfahrt. Ich spreche Sie an.«

»Ich fahre sofort los«, sagte Murat; aber da hatte der Mann das Gespräch bereits unterbrochen.

Zum zweiten Mal an diesem Tag stieß Murat an der Tür mit Manni zusammen. Der Techniker hielt Fotografien in der Hand.

»Eindeutig«, zeigte er darauf, »die Riefen auf den Projektilen aus Saschas Schulter und von Kochers Suizid sind identisch.«

»Unglaublich«, murmelte Murat, »dann hat Kocher tatsächlich Sascha Koslowski getötet?«

Manni schüttelte den Kopf. Zur Tatzeit habe Kocher ohne Zweifel hier auf der Wache gesessen. Überdies habe er auch die anderen Projektile verglichen und keine weitere Übereinstimmung festgestellt. Außer bei denen von der Schießerei auf dem Konzertplatz. Die seien aus einer einzigen Waffe abgegeben worden; aber nicht aus Kochers. Auch nicht aus der, die vor zwei Jahren während einer Demo von den Autonomen geklaut wurde. Die sei noch nicht wieder aufgetaucht und das mache ihm Sorgen.

»Das sagst du mir erst jetzt?« Murat war elektrisiert. »Wenn die Linken eine geklaute Dienstwaffe besitzen, dann scheint die These von einer terroristischen Gruppe doch nicht aus der Luft gegriffen.«

Mehr als einen ratlosen Blick wusste Manni als Antwort nicht zu geben.

Das war Murat zu wenig. Er verstand es einfach nicht. Wie konnte der Techniker behaupten, die Projektile, die nach der Schießerei gesichert wurden, seien nicht der Waffe zuzuordnen, die vor zwei Jahren geklaut wurde?

Die Pistole ist doch weg. Ein Abgleich ist also gar nicht möglich und eine Datenbank, in der Profile von allen Dienstpistolen gespeichert sind, gibt es nicht.

Manni sah Murats Hilflosigkeit. Es ging nicht anders, er musste sich jetzt offenbaren.

»Hör mal weg«, sagte er zu Schlupkothen hinüber, der interessiert zuhörte.

Etwas leiser; aber immer noch gut hörbar, versuchte er sich zu erklären.

»Ich habe von der geklauten Waffe ein Vergleichsprojektil. Deshalb kann ich behaupten, dass die Schüsse nicht aus dieser Waffe abgegeben wurden.«

»Ach, du hattest die Knarre, bevor sie geklaut wurde, vorsichtshalber mal beschossen, damit du später einen Vergleich durchführen könntest. Interessant, so viel Weitsicht! Oder geschah es einfach aus einer Eingebung heraus?«

Murats Stimme triefte vor Sarkasmus. Hier war irgendetwas faul, oder Manni redete Unsinn.

Damit lag Murat falsch. Es war ganz und gar kein Unsinn, den Manni erzählte. Möglicherweise war es allerdings eine Straftat, die er begangen hatte. Nur deshalb tat er sich so schwer, mit der ganzen Wahrheit herauszurücken.

Schließlich gelang ihm aber eine verständliche Erklärung. Die Geschichte war einfach die:

Eine Datei, in der sich Vergleichsprojektile polizeilicher Waffen befinden, ähnlich der Tatwaffendatenbank des BKA, existiert nicht. Das hatte Manni für seinen Bereich in Wermelskirchen eigenmächtig geändert. Anlass war eine unbeabsichtigte Schussabgabe am Rande einer

Demonstration, bei der ein unbeteiligter Passant verletzt worden war. Der Schuss war aus Richtung einer Einsatzhundertschaft gekommen. Der Schütze offenbarte sich nicht freiwillig. Es musste ein enormer Aufwand betrieben werden, um ihn zu ermitteln. Die Waffen aller eingesetzten Polizisten wurden sichergestellt, alle Pistolen beschossen, untersucht und die Projektile mit dem des Verletzten abgeglichen. Letztlich konnte so der unglückselige Schütze, ein junger Oberwachtmeister, ermittelt werden.

Manni hatte sich damals geschworen, für künftige ähnliche Vorfälle gewappnet zu sein.

Kurz darauf stand eine Waffenrevision an, deren Durchführung zu Mannis Aufgabengebiet gehörte. An einem bestimmten Tag mussten dazu sämtliche Dienstpistolen, versehen mit Namen und Dienststelle, bei ihm abgegeben werden. Er hatte dann die Funktionsfähigkeit und den Zustand der Waffen zu prüfen und gegebenenfalls zu bemängeln – oder eben nicht.

Bei dieser Gelegenheit hatte er sich die Mühe gemacht, alle Pistolen zu beschießen, die abgefeuerten Projektile aus den Wattepolstern zu klauben und damit eine Vergleichsdatei anzulegen. Wiederum kurze Zeit später wurde während einer anderen Demo die besagte Waffe geklaut.

»Deshalb kann ich heute behaupten, was ich vorhin gesagt habe«, schloss er seine Ausführungen und atmete tief durch.

Murat schaute ihn lange an. »Du weißt, welche Bedeutung das für unsere Ermittlungen haben kann?«

»Ist mir bewusst«, nickte Manni. »Ich vergleiche jetzt unsere gesicherte Tatmunition, die meiner Ansicht nach mit der von uns verwendeten Polizeimunition identisch ist, mit meinem Archiv, und dann wissen wir, ob der oder die Täter aus unseren Reihen stammen.«

»Ja, Mann, mach hin. Was stehst du hier noch rum?«

»Meine Datei ist illegal«, zögerte Manni. »Du kannst das mögliche Ergebnis nicht ohne Weiteres für die Akte verwenden, sonst bin ich dran.«

»Mir wird schon was einfallen«, überlegte Murat laut. »Wichtig ist nur, dass niemand, wirklich niemand etwas von unserem Gespräch erfährt.«

»Auch nicht …?«

»Niemand, sagte ich.«

»Es wird aber den ganzen Tag dauern.«

»Notfalls hast du auch noch die Nacht zur Verfügung«, sagte Murat. »Ich fahre jetzt nach Köln. Wir sprechen uns dann morgen früh wieder.«

—

Die Marzellenstraße fand Murat problemlos. Einen Platz zum Parken nicht. Er drehte eine Runde, fuhr dann auf das Gelände des Hilton-Hotels und stellte sich dort in eine Lücke hinter einen schwarzen Audi. Dem Portier zeigte er seinen Dienstausweis, der gnädig als Parklegitimation akzeptiert wurde.

St. Mariä Himmelfahrt erhob sich auf der gegenüberliegenden Straßenseite. Nach dem Überqueren der Fahrbahn schaute Murat sich suchend um. Der grauhaarige Mann zeigte sich in dem Kirchenportal und winkte ihn hinein.

»Nennen Sie mich Hans«, bot er ihm die Hand.

Er sei der V-Mann-Führer von Sascha Koslowski gewesen, begann er ohne Umschweife. Natürlich habe er gewusst, wo Sascha sich aufhalte. Er stand ja mit ihm in Kontakt.

Er sei es auch gewesen, der ihn an dem Abend, an dem er starb, nach Schaberg bestellt habe.

»Sascha war nach dem Brandanschlag auf das Jugendzentrum regelrecht in Panik verfallen. Er glaubte, seine ehemaligen Kameraden seien ihm auf der Spur und der Brandanschlag auf seine Freundin eine gezielte Aktion, um ihn aus seinem Versteck zu locken. Er hatte auch eine Vermutung, wer diese Tat ausgeführt haben könnte. Wir wollten das besprechen.«

Murat kam der Mann, der sich Hans nannte, sehr fahrig vor. Obwohl sie alleine in dem Kirchenvorraum standen, schaute er sich immer wieder hektisch um.

»Und wie lautete diese Vermutung?«, fragte Murat.

»Ich glaube, dass es Benjamin Schlüter mit seiner Schlägertruppe gewesen war, weiß es aber nicht.«

»Ihr Glaube hilft uns nicht weiter. Was sagte denn Sascha dazu?«

Das sei ja das Tragische, erzählte Hans weiter. Er habe Sascha nicht mehr sprechen können. Als er in Köln losfahren wollte, waren sämtliche Reifen seines Wagens zerstochen worden.

»Das war doch kein Zufall«, stellte Murat fest.

»Sicher nicht.« Hans' Stimme klang bitter. »Sascha ist vor zwei Wochen untergetaucht. Seit genau dieser Zeit habe ich das Gefühl, dass ich bespitzelt werde.«

Murat glaubte, nicht richtig gehört zu haben: »Wie meinen Sie das?«

Hans überlegte lange, bevor er sich entschloss, weiterzusprechen.

Vielleicht sei es ein Fehler gewesen, sich mit diesem Kriminalbeamten zu treffen. Vielleicht verschlimmere es seine Situation noch mehr. Er fühle sich derzeit so hilflos wie lange nicht mehr. Im Amt wusste er nicht, wem er noch trauen konnte. Es schienen dort gegensätzliche Interessen aufeinanderzuprallen. Er war zwischen die Fronten derjenigen geraten, die entweder eine Zusammenarbeit mit linken oder mit rechten Extremisten präferierten. Der Verfassungsschutz insgesamt befand sich im Umbruch. Irgendjemandem schien es nicht in seine Planung zu passen, dass gerade jetzt die Strippenzieher der bergischen Naziverbindungen bekannt wurden.

Hans hatte eine vage Ahnung, wer dieser Jemand war, aber absolut nichts in der Hand, um darüber mit einem Kollegen oder gar Vorgesetzten zu sprechen. Nur eines schien ihm klar: Es musste um Schliepenstein gehen. Nur so ließen sich die Ereignisse der letzten Tage erklären.

Diesem Murat Cenk, der ihm hier gegenüberstand und der ihn abwartend anschaute, ging es ebenfalls um Schliepenstein. Warum sollte er sich nicht mit ihm zusammentun? Gemeinsam hätten sie vielleicht die Chance, die tatsächlichen Hintermänner der Naziorganisation zu enttarnen.

Murat wurde ungeduldig. Er wusste nicht, was er von dem Mann halten sollte. »Haben Sie …«, begann er einen Satz, um das lange Schweigen seines Gegenübers zu unterbrechen, wurde aber sogleich mit einer Handbewegung gestoppt.

»Ich wurde wahrscheinlich abgehört«, sagte Hans.

»Sie?« Jetzt war Murat wirklich überrascht. Die Behörde, zu deren täglichem Geschäft Lauschangriffe gehörten, wurde selbst abgehört – beziehungsweise einer ihrer Mitarbeiter? Erzählte der Mann ihm hier Märchen? War er es vielleicht selber, der hinter all den Attentaten stand?

Schließlich wusste Murat nichts von diesem Mann, nicht einmal seinen Namen.

Murat beschloss, vorsichtig zu sein und von seinen eigenen Erkenntnissen nicht allzu viel zu offenbaren. Eine Frage musste er aber auf jeden Fall loswerden: »Kocher und auch die Kameradschaften handelten bestimmt nicht aus eigenem Antrieb. Es muss doch jemanden geben, der das alles steuerte?«

»Ich denke, wir haben den gleichen Mann im Sinn – Schliepenstein. Er jedenfalls hätte ein Motiv gehabt. Alle Mitwisser, die über seine strafbaren Machenschaften berichten könnten, sind aus dem Weg geräumt worden, respektive tot. Er kann sich nun völlig frei positionieren und eine Zukunft mit seiner neuen Partei planen.«

Das Gleiche dachte Murat auch. Andererseits bestand genauso gut die Möglichkeit, dass irgendeine Organisation hinter den Morden stand, eine, die ihnen bisher nicht bekannt war. Vielleicht doch eine linke Terrorgruppe? Oder auch sein Gegenüber. Welche Motive trieben ihn an?

»Warum haben Sie mir den Krankenhausfilm mit Caroline Beckers gesandt?«, fragte er geradeheraus.

Der Mann namens Hans grinste. Er gab zu, der Absender des Filmes zu sein. Frau Beckers sei ihm suspekt. Er habe sie überwachen lassen.

»Die Frau ist emotional und gewalttätig«, sagte er, »ich traue ihr alles zu.«

Murat seufzte. Er im Grunde genommen auch. Er hatte ihre Impulsivität erlebt, hatte sie kämpfen sehen.

Hans kam noch einmal auf Schliepenstein zu sprechen. Es sei doch merkwürdig, dass sie nichts Greifbares gegen den Mann in der Hand hätten, fast so, als sei er immer rechtzeitig gewarnt worden oder als hielte jemand seine schützende Hand über ihn.

»Denken Sie an jemand Bestimmtes?«, fragte Murat. Er selbst zermarterte sich jetzt schon seit Tagen das Gehirn, mit ähnlicher Fragestellung.

Sein Gegenüber nickte.

»Der Gleiche, der mich abhören ließ«, sagte er, »aber wie gesagt, es sind alles nur Vermutungen. Ich weiß es nicht definitiv.«

»Es ist überhaupt viel, was Sie nicht wissen.« Deutlicher Sarkasmus schwang in Murats Stimme.

»Leider ist es so«, gestand Hans ein, »nur deshalb habe ich mich ja mit Ihnen getroffen. Ich komme genauso wenig alleine weiter wie Sie.«

Wiederum schwieg er eine Weile, sagte dann: »Ich möchte Ihnen zum jetzigen Zeitpunkt noch keinen Namen nennen, den Namen eines meiner Kollegen, der möglicherweise Schliepensteins Mentor ist. Ich muss erst noch eigene Recherchen durchführen.

Ich zeige Ihnen aber ein Foto von ihm. Sollte dieser Mann Kontakt zu Ihnen aufnehmen oder Ihnen sonst wie in die Quere kommen, sollten sie äußerst vorsichtig sein und mich sofort informieren.«

Er kramte in seinen Jackentaschen.

»Liegt wahrscheinlich noch im Handschuhfach. Ich hole es eben. Mein Wagen steht drüben vor dem Hotel.«

Skeptisch schaute Murat ihm hinterher. Sein eigener Wagen stand ja auch dort, dachte er und ging ihm nach. Für einen Mann vom Verfassungsschutz, der V-Männer führt und andere Leute überwachen lässt, ist der ganz schön durch den Wind, befand Murat.

Er sah ihn bereits über die zweite Fahrbahn laufen, einen Schlüsselbund in der Hand. Gleichzeitig schaute er auf sein Handy.

Urplötzlich kam ein dunkler BMW mit irrsinniger Geschwindigkeit angeschossen. Abgedunkelte Scheiben, Kölner Kennzeichen, registrierte Murat.

Hans, oder wie auch immer er hieß, schaute erschreckt auf. Reagieren konnte er nicht mehr. Mindestens zwanzig Meter flog er durch die Luft. Sein Aufprall auf dem Asphalt verursachte das Geräusch splitternder Knochen.

Nach dem Zusammenstoß schlingerte der BMW kurz, rauschte dann mit gleichbleibender Geschwindigkeit weiter.

Im Laufen setzte Murat einen Notruf ab und gab gleichzeitig das Kennzeichen des flüchtigen Fahrzeuges durch.

Hans konnte er nicht mehr helfen. Sein verdrehter Kopf deutete auf einen Genickbruch hin. Den Schlüsselbund hielt er immer noch in der verkrampften Hand.

Murat sah ein Audi-Emblem und nahm ihn an sich.

Die nächste halbe Stunde musste er Fragen der Rettungskräfte und der Kollegen beantworten, die mit drei Streifenwagen die Straße abriegelten.

Einer der Schutzpolizisten kam jetzt auf ihn zu. »Die Fahndung verlief bisher negativ«, teilte er mit. »Das Kennzeichen ist nicht registriert. Wahrscheinlich eine Totalfälschung.«

»Klar«, murmelte Murat, »war nicht anders zu erwarten.« Resigniert schlurfte er zum Hotel hinüber.

Sein Wagen stand dort, wo er stehen sollte. Der Audi, hinter dem er geparkt hatte, war verschwunden. Ein anderer Audi war weit und breit nicht zu sehen.

Er fragte den Portier. »Der Audi ist gerade weggefahren«,

konnte der berichten. Auf den Fahrer habe er nicht ge-
achtet.

»Scheiße, in was für einer Welt leben wir denn?«, haute
Murat voller Wut auf das Dach seines eigenen Wagens.
Müde stieg er ein.

Verständnislos schüttelte der Portier den Kopf und ging
zu seiner Loge zurück.

Die sechste Nacht

Die sechste Nacht fand keinen Eingang in Ermittlungsberichte, von denen Murat inzwischen nicht mehr wusste, ob sie in den Teil der offiziellen Akte gehörten oder lieber in seinem internen Hinweisordner.

Der Tod des Verfassungsschutzbeamten hatte ihn mehr mitgenommen, als er sich eingestehen wollte.

Mit wem könnte er überhaupt noch über diesen Fall sprechen? Selbst seinen Freund Klaus mochte er nicht mehr in seine Überlegungen einbeziehen.

Schliepenstein war ihm so unscheinbar erschienen. Ausgefuchst zwar, aber mehr ein selbstverliebter Darsteller als ein Strippenzieher, der in der Art eines Paten ganze Organisationen steuert und Morde in Auftrag gibt. War dem so?

Wie könnte er ihm nur beikommen? Die, die gegen ihn hätten aussagen können, waren tot. Und an seine Tochter käme er wohl nicht mehr heran.

Was ist mit den Kollegen der Wermelskirchener Dienststelle? War Kocher der Einzige, der mit Schliepenstein und den Kameradschaften paktiert hatte? Ist unter ihnen ein Weiterer, der in Schliepensteins Sold steht?

Wenn Mannis These von den gleichartigen Geschossen stimmte, würde es so sein. Wer war es, der für solche Taten infrage kam?

Murat konnte sich nicht vorstellen, dass einer seiner Teamkollegen ein Mörder sein sollte.

Mit diesen Fragen füllte sich sein Kopf und bescherte ihm eine weitere unruhige Nacht.

Tag 6 – Der letzte Tag

Bereits um 06:00 Uhr saß Murat auf Coras Schreibtischstuhl in ihrem Büro. Nichts deutete darauf hin, dass sich
in diesem Raum ein Mensch erschossen hatte. Die Spuren
des vergangenen Tages waren restlos entfernt worden.
Er saß einfach da, schaute aus dem Fenster und beobachtete die kleinen Schäfchenwolken, die langsam am Himmel vorbeizogen. Es würde ein schöner Tag werden.
Innerlich war er angespannt, wartete auf ein Ergebnis seines Technikers Manni. Bisher hatte der sich nicht gemeldet. Murat unterdrückte den Wunsch, ihn anzurufen.
So oder so, heute würde sich der Nebel, der ihre Ermittlungen durchzog, lichten. Hoffentlich wüsste er dann
endlich auch, woran er mit Cora war.

Sie erschien ebenfalls früher als sonst – noch vor sieben
Uhr. Sie grüßte freundlich, aber reserviert.
Murat nickte nur. Weder entschuldigte er sich für seinen gestrigen Auftritt, mit dem er sie verdächtigte, noch
sprach sie den Vorfall an.
Sie drückte ihm wortlos einen Zettel in die Hand. Es war
die tägliche Pressemeldung, die von der Polizei den Medien zur Verfügung gestellt wurde. Üblicherweise wurden
dort Verkehrsunfälle und Einbrüche, gelegentlich auch
Interna aus der Dienststelle in verschrobenem Beamten-
deutsch mitgeteilt. Heute begann der Pressetext mit einer
solchen Mitteilung.
Die wenigen Sätze waren schwarz umrandet: »Nach kurzer, schwerer Krankheit verstarb am gestrigen Tag Polizeihauptkommissar Michael Kocher im Alter von 54 Jahren. Als Wachdienstführer war er der Wermelskirchener

Bevölkerung stets ein kompetenter Ansprechpartner. Er hatte ein offenes Ohr für alle Bürger und deren Probleme. Wir verlieren mit ihm einen geschätzten Kollegen.« Unterschrieben war die Notiz vom Landrat des Bergischen Kreises.

»Wir haben ihn verkannt«, grinste Murat, und auch Cora konnte sich ein Lächeln nicht verkneifen. Die Spannung, die zwischen ihnen knisterte, schien sich zu verflüchtigen.

Gleich darauf wurden Coras Gesichtszüge aber wieder ernst. »Wie geht es weiter?«, schaute sie etwas unsicher ihren momentanen Chef an, von dem sie nicht mit Sicherheit sagen konnte, ob sie ihn noch leiden mochte.

»Wir warten, bis alle hier versammelt sind«, sagte Murat. »Es wird von Mannis Untersuchungen abhängen, ob und wie wir weitermachen.«

»Wieso und warum«, fragte sich Cora. Murat fragte sie nicht.

Schlupkothen kam hinzu, Pappkaffeebecher in der einen, Schinkenbrötchen in der anderen Hand. Im Übrigen sah er aus, als ob er die Nacht unter einem Schreibtisch verbracht hätte.

Das stimmte nicht ganz, klärte er die Kollegen auf. Er habe die ganze Nacht über am Schreibtisch gesessen, um endlich Saschas verdammten Computer restlos zu entschlüsseln.

»Bin kurz davor«, mümmelte er mit vollem Mund.

Er schluckte den Bissen hinunter und sagte dann mit klarer Aussprache, dass sie nicht auf Bielstein warten müssten. Unten auf der Wache habe man ihm gesagt, er habe dort angerufen und sich krankgemeldet.

Cora schaute Murat an und er verstand, was ihr Blick aussagte: »Du bist schuld.«

Er kommentierte es nicht.

Endlich erschien Manni. Auch er sah übernächtigt aus. Sein Gesichtsausdruck versprach nichts Gutes, und Murat machte sich auf eine böse Überraschung gefasst.

Mit fliegenden Händen wischte Manni das Papier auf dem Schreibtisch beiseite und reihte vier Projektile nebeneinander auf. Vor jedes legte er ein Foto, das ebenfalls Projektile zeigte – allerdings stark vergrößerte Ausschnitte, auf denen diverse Riefen zu sehen waren.

»Kommt näher«, forderte er die Kollegen auf. Er bemerkte Murats Seitenblick auf Cora und schüttelte unmerklich den Kopf.

»Dies hier«, deutete Manni auf das erste Projektil seiner Installation, »ist die Kugel, die in Saschas Schulter steckte. Das Bild darüber zeigt ein Vergleichsprojektil aus Kochers Dienstwaffe. Die Riefen, die ihr auf dem Foto seht, sind durch den Drall im Pistolenlauf entstanden. Die sind bei jeder Waffe unterschiedlich und deshalb als individuelles Merkmal zu betrachten. Hier sind diese Merkmale identisch. Kocher selber konnte nicht geschossen haben, weil er ja …«

»Das wissen wir doch schon alles. Mach endlich weiter.« Murats Nerven waren aufs Äußerste gespannt. Mannis umständlicher Vortrag konnte nur bedeuten, dass die eigentliche Aufklärung, wer auf wen geschossen hatte, kurz bevorstand. Er zögerte es hinaus.

Wieder warf Murat einen heimlichen Blick auf Cora. Ihre Waffe trug sie augenscheinlich nicht.

Unmerklich zog er sich langsam zur Tür zurück, versperrte so den Ausgang, tastete nach seiner eigenen Waffe und wartete auf die nächsten Worte.

Manni machte es kurz. Die nächsten beiden Projektile hatten Melanie Schliepenstein und den anderen rechten Schläger auf dem Konzertplatz verletzt. Sie wurden beide aus ein und derselben Pistole abgefeuert.

»Die gehört Herbert Schreiber«, vernahm Murat Mannis Worte. Der Name sagte ihm nichts.

»Ist ein Kollege vom Verkehrsdienst«, fügte Manni mit fast kippender Stimme an. »Kann auch nicht selber geschossen haben. Liegt seit drei Wochen im Krankenhaus, Carcinoma ventriculi.«

»Was?« Murat bellte die Frage in den Raum hinein.

»Magenkrebs, liegt auf der Intensiv«, murmelte Manni.

Er wandte sich wieder dem Tisch zu und leierte das Nächste herunter: »Die hier hat Benjamin Schlüter getötet. Stammt aus der Dienstwaffe von Norbert Maier. Ist definitiv zurzeit im Urlaub in der Türkei. Kann also auch nicht …«

»Hör auf!«, schrie Murat. Er atmete heftig aus.

Mannis Vorstellung kam einem Albtraum gleich. An seiner Kompetenz konnte es keinen Zweifel geben. Doch das, was er ihnen hier auftischte, klang schier unglaublich. Und doch stimmte es. Die Beweise lagen ja hier vor ihnen.

Cora kannte die Dienstverfügung, die jeden Polizeibeamten verpflichtete, seine Waffe nach Dienstschluss in dem ihm zugewiesenen Waffenfach einzuschließen.

Für Murat und Schlupkothen erklärte Manni das Prozedere.

Murat riss sich zusammen. Ganz ruhig fragte er: »Wie ist das zu erklären?«

»Jemand hat sich der Waffen bemächtigt und sie hinterher wieder weggeschlossen«, antwortete Manni, und da die Anschlussfrage ungesagt im Raum hing, sagte er noch: »Ich habe die Fächer der besagten Kollegen aufgebohrt. Die Waffen liegen im Fach.«

Schlupkothen war es, der als erster verstand, was vorgegangen sein musste. »Ich nehme an, es gibt einen Generalschlüssel für alle Fächer.«

Manni nickte.

Es fiel ihm schwer, den Mund zu öffnen. Alle Augen schauten auf ihn. Um ein Geständnis kam er nicht herum. Er trug es leise, kaum verständlich vor: »Es gibt einen einzigen Generalschlüssel. Der befindet sich bei der Kriminaltechnik, bei mir.«

»Zeig ihn mir!«

Bei jedem der drei kurzen Worte, die Murat drohend gegen ihn schleuderte, zuckte Manni zusammen. Seinem Mund entwich nur noch ein Flüstern: »Er ist weg.«

—

Frank von Schliepenstein wollte nicht gestört werden. Das war wohl auch verständlich, wenn man gerade mit einem Mandanten sprach. Der sollte schließlich das Gefühl haben, sein Gegenüber habe ein offenes Ohr für ihn und konzentriere sich ganz auf das Problem, das ihn in die Kanzlei getrieben hatte.

Nicht immer stellten sich die vorgetragenen Probleme als gravierend heraus – für den Mandanten zwar wohl, nicht aber für Schliepenstein.

Er war ein Routinier, hatte alles schon einmal so oder so gehört und hielt entsprechende Lösungen im Kopf parat, die sich meistens für seine Mandanten auszahlten, auch für ihn.

Reichtümer konnte er allerdings dadurch nicht ansammeln. Deshalb verdiente er sich ein erkleckliches Zubrot mit der Übernahme von Mandaten, die von seinen Anwaltskollegen abgelehnt wurden – der Vertretung von Netzpädophilen.

Unglaublich, wie viele Männer sich nicht nur Kinderpornografie im Internet anschauten, sondern auch Bilder herunterluden, tauschten oder sogar verkauften.

Sonderabteilungen der Landeskriminalämter durchkämmten das Netz nach solchen Straftätern. Beim BKA arbeitete man sogar international auf diesem Gebiet zusammen.

Ab und zu berichteten die Ämter von großangelegten Durchsuchungsaktionen und Hunderten, manchmal Tausenden von Tätern, bei denen belastendes Material sichergestellt wurde.

Ersttäter, die »nur« Fotos herunterluden oder kauften, erwartete ein Strafverfahren. In den meisten Fällen wurde es gegen eine Geldstrafe eingestellt.

Solche erwischten Männer landen zuvor kleinlaut und verschämt bei Schliepenstein. Es waren beileibe keine klischeehaften, schmierigen Sexualtäter, denen ihr schändliches Tun auf die Stirn geschrieben stand.

Die Klientel des Anwalts entstammte allen Gesellschaftsschichten und schloss keinen ehrbaren Beruf aus.

Verständlich, dass niemand von ihnen ein Interesse daran hatte, ihre triebhaften Taten öffentlich werden zu lassen. Vielmehr hofften sie, um eine Gerichtsverhandlung herumzukommen und die Sache mit einer Geldstrafe abzutun. So konnten sie für ihre Umgebung anonym bleiben.

Diese Garantie bot ihnen Schliepenstein.

3000 Euro pauschal verlangte er, investierte nur wenig Arbeit in das Ausfüllen von Formularen und die Anfertigung eines zu unterschreibenden Schuldeingeständnisses – und die Sache war damit in der Regel erledigt.

Heute schien Schliepensteins Glückstag zu sein. Der Mann, der ihm gegenübersaß, war nicht nur Studienrat am Gymnasium, er war auch noch Melanies Klassenlehrer.

Es ging also um mehr als um 3000 Euro Anwaltskosten. Es ging um Melanies schulische Zukunft.

Der Lehrer wand sich unbehaglich. Von Schulsatzungen, Lehrerkonferenzen und vorgesetzten Dienststellen sprach er, die alle eine Rolle spielen würden. Die Entscheidungsgewalt läge nicht bei ihm.

Schliepenstein baute Druck auf. Der Besitz von Kinderpornografie sei kein Kavaliersdelikt. Es sei zu überlegen, ob er nicht die oberste Schulbehörde informieren müsse.

Das dezente Brummen seines Telefons überlagerte das Schweigen, das nach dieser offensichtlichen Drohung die Luft in dem Raum verdichtete. Es störte.

Ärgerlich griff Schliepenstein zum Hörer und drückte ihn sofort wieder auf die Gabel. Sekunden später meldete es sich erneut. Diesmal nahm er den Hörer ans Ohr. »Bitte keine weitere Störung«, bellte er in die Sprechmuschel, im Glauben, sein Sekretariat wolle ein Gespräch durchstellen.

Der Gesprächspartner befand sich aber bereits in der Leitung.

Nur einen Satz sagte er, bevor er wieder auflegte.

»Wenn Sie Ihre Tochter noch einmal lebend sehen wollen, dann kommen sie zur Müngstener Brücke – jetzt.«

—

Dunkle Röte durchzog Mannis Gesicht. Er war empört. Murat hatte ihn zu einem Einzelgespräch gebeten.

Er gehe davon aus, so begann Murat ganz förmlich, dass Manni nicht derjenige sei, der die offensichtlich missbrauchten Waffen benutzt hatte.

Alleine die Vorstellung, so etwas auch nur zu denken, wühlte den Techniker auf.

Er fühlte sich müde und ausgelaugt. Ihm fehlte Schlaf. Klares Denken fiel ihm in diesem Zustand nicht leicht.

Das sagte er Murat auch und bat darum, erst einmal zwei Stunden schlafen zu dürfen. Danach würde er sich auf die Suche nach dem Generalschlüssel machen.

Was blieb Murat anderes übrig, als zustimmend zu nicken?

Sein nächstes Einzelgespräch, das er mit Cora führen wollte, kam vorerst nicht zustande.

Die Aachener Klinik rief an und teilte förmlich mit, die Patientin Juliane Bielstein sei an allgemeinem Organversagen verstorben. Ihr Körper sei nicht mehr in der Lage gewesen, die schweren Verletzungen zu ertragen.

Cora brach weinend zusammen. Murat stand hilflos daneben, unfähig, sie zu trösten.

»Ich gehe zu Bielstein und sage es ihm persönlich«, brachte er schließlich mit trockenem Mund hervor.

»Kümmere dich um sie«, forderte er Schlupkothen auf und machte sich zu Fuß auf den Weg.

Bielstein öffnete nicht.

Murat schellte bei Koslowski an – ebenfalls ohne Erfolg.

Unschlüssig stand er vor der Haustür, ließ Bielsteins Klingel noch einmal schnarren.

Dann griff er zu seinem Handy. Er rief in Aachen an und bat den Stationsarzt, Bielstein bitte nicht telefonisch über das Ableben seiner Tochter zu informieren. Er würde das persönlich übernehmen.

Der Arzt reagierte irritiert.

Bielstein sei doch am frühen Morgen selbst in der Klinik gewesen. Er habe die Hand seiner Tochter gehalten, als man die Geräte abschaltete.

Diese Auskunft beunruhigte Murat. Sollte Bielstein sich etwas angetan haben?

Mit fliegenden Fingern wählte er den Psychologen Holländer an und fragte, ob Koslowski bei ihm sei.

»Wir sind auf dem Weg zur Müngstener Brücke«, bestätigte Holländer. »Ich will heute den Versuch wagen, Koslowski mit dem Bauzug über die Strecke zu schicken.«

»Fragen Sie Koslowski, ob er seinen Freund Bielstein heute schon gesehen hat.«

Er hatte … Bielstein sei erst morgens nach Hause gekommen. Er habe kurz mit Koslowski gesprochen und ihm gesagt, dass Julia tot sei. Koslowski habe ihm wiederum erzählt, dass er heute seine Albtraumbrücke bezwingen müsse. Bielstein habe dann das Haus wieder verlassen und sei weggefahren.

Murat überlegte, ob er nicht trotzdem in Bielsteins Wohnung eindringen solle. Nicht, dass er doch dort läge und sich möglicherweise nicht mehr rühren könne.

In diesem Augenblick trat ein Hausbewohner heraus und Murat nutzte die Gelegenheit, ins Treppenhaus zu gelangen.

Bielsteins Wohnungstür stellte sich als echtes Hindernis dar. Bis ein Schlüsseldienst hier wäre, würde es zu lange dauern.

Also setzte Murat seine ganze Körperkraft ein und stand endlich im Wohnungsflur, die zersplitterte Tür hinter sich lassend.

Es roch muffig. Mit schnellen Schritten durchmaß er die Zimmer. Dicke Gardinen dunkelten das Schlafzimmer ab. Er riss sie beiseite und sah ein unbenutztes Bett. Bielstein war nicht anwesend.

Das Handy meldete sich.

»Komm sofort zurück! Hier ist der Teufel los!«, schrie ein überdrehter Schlupkothen Murat ins Ohr.

Bekümmert düstere Gesichter erwarteten Murat im Büro. Weder Manni noch Schlupkothen noch Cora mochten ihn offen anschauen.

»Wo ist denn jetzt der Teufel?«, fragte er in die Runde. Trotz seiner eigenen Anspannung versuchte er ein erlösendes Grinsen.

Nicht einer der Anwesenden zeigte auch nur den Ansatz eines Lächelns.

Schlupkothen wies wortlos auf Manni, der ruhelos hin und her tigerte.

»Der Generalschlüssel für die Waffenschließfächer hing in einem Schlüsselkasten in meiner Werkstatt. Die ist immer verschlossen. In den letzten Tagen hatte mich dort niemand besucht, außer …«

Die wenigen Sätze klangen wie einstudiert. Trotzdem stockte Manni nun, blieb dann vor Murat stehen und sagte: »… außer Bielstein.«

Murat sah ungläubig von einem zum anderen.

Niemand reagierte. Sie wussten es bereits.

»Das ist noch nicht alles«, murmelte Schlupkothen. »Die kleine Schliepenstein ist aus dem Krankenhaus verschwunden.«

»Abgehauen?«

Schlupkothen schüttelte den Kopf.

»Ihr Vater sagte, er hätte einen merkwürdigen Anruf erhalten. Er wurde aufgefordert, sofort zur Müngstener Brücke zu kommen, wenn er seine Tochter lebend wiedersehen wolle.«

Koslowski wollte auch zur Müngstener Brücke. Murat schwante, was Bielstein vorhatte.

»Was sitzt ihr hier noch herum«, scheuchte er sein Team auf. »Cora kommt mit mir. Manni lässt Bielsteins Handy orten und Schlupkothen ruft bei der Bahn an und lässt die Brücke sperren.«

»Nimm deine Knarre mit«, rief er Cora nach, die schon an der Wache vorbeigelaufen war.

Sie machte kehrt, stürmte in den Bereitschaftsraum zu den Schließfächern und drehte sich dann fassungslos zu Murat um, der hinter ihr stand.

»Was ist?«

»Meine Pistole ist weg.«

—

Koslowski zitterten die Knie. Holländer hatte so lange auf ihn eingeredet, bis er gar nicht mehr anders konnte, als Ja zu sagen. Ja zu Fahrten über die Müngstener Brücke, die er nie mehr befahren wollte. Es gäbe keine andere Lösung, als die Angst mit der Angst zu bekämpfen. Nur so könne er sie loswerden. Sein Gehirn müsse begreifen, dass Angst keinen Platz mehr in ihm habe.

»Sie werden sehen, wie einfach das im Grunde genommen ist«, hatte Holländer gesagt. »Spätestens nach der dritten Überfahrt hintereinander werden Sie spüren, wie eine Last von ihnen abfällt.«

Koslowski wollte es gerne glauben. Auch, dass seine Höhenangst alle seine anderen Ängste anfeuerte und ihn in die Panik trieb. Sein Innerstes sträubte sich aber noch. Eine Menge »Aber« fielen ihm ein. Holländer bügelte sie alle weg.

Das letzte »Aber« könnte ihn dann doch um diese Fahrten herumkommen lassen, dachte Koslowski.

Die Brücke sei nämlich wegen Bauarbeiten gesperrt und die Bahn werde mit Sicherheit keine Überfahrt genehmigen.

Holländer lachte.

»Mein Onkel sitzt in der Direktion der Deutschen Bahn. Raten Sie mal, welche Hebel er in Bewegung gesetzt hat, damit wir heute diese schöne Therapie durchführen können.«

Koslowski gab sich geschlagen.

Bei der kleinen Zugmaschine und dem Materialwagen dahinter von einem Zug zu sprechen, schien ein wenig vermessen. Koslowski war es aber egal, wie viele Waggons er hinter sich herzog. Entscheidend bei diesem Unternehmen war nur eins: Er stand vorne im Führerstand und hatte die Brücke vor sich.

Holländers Hand lag locker auf Koslowskis Schulter. Er ignorierte die totale Verspannung, die den Körper des gebeugten Mannes noch krummer erscheinen ließ.

»Legen Sie los«, munterte er ihn auf. Zitternd schob

Koslowski den Fahrhebel nach vorne. Die Maschine ruckte an und setzte sich langsam in Bewegung.

Sie starteten ein ganzes Stück hinter dem Bahnhof Schaberg aus Richtung Solingen anfahrend, damit Koslowski sich zunächst ein wenig abregen konnte.

Die Sonne stand ihnen im Rücken. Tau hing noch im Grün, das die Strecke begrenzte. Der feuchte Rest verflüchtigte sich, ließ die sonnenerwärmte Luft flimmern.

Koslowski fuhr die Geschwindigkeit hoch. Er wollte es schnell hinter sich bringen.

»Langsamer«, ermahnte Holländer, »wir wollen es doch genießen.«

»Von ›wir‹ kann keine Rede sein«, knurrte Koslowski.

Er spürte sein Herz rasen, versuchte, nicht auf die Gleise vor sich zu schauen, selektierte seine Eindrücke.

Die weite Sicht nach vorne schränkte er ein. Umso deutlicher nahm er Details am Rande wahr.

Der Zug passierte den Bahnsteig in Schaberg. Zehn Laternenpfähle zählte Koslowski auf der linken Seite. Rechts blieb sein Blick an der großen Bahnhofsuhr hängen. »10:45 Uhr«, murmelte er. Holländers Hand verstärkte ihren Druck.

Eben noch beruhigendes Grün auf beiden Seiten, jetzt die lange offene Brücke, ein weiter, blauer Himmel und tief unten Wasser.

Koslowski richtete den Blick starr vor sich. Er bemerkte einen fehlenden Niet in einer Eisenplatte. Die Platten zogen sich wie ein ausgerollter Teppich zwischen den beiden Gleisen über die gesamte Brücke hin. Der Rost und die Sonne ließen sie zwischen Grau- und Brauntönen changieren.

Koslowski schielte vorsichtig zur Seite. Auf dem erhöhten Fußsteg lag eine umgekippte Karre. Daneben eine Eisenstange.

Als er den Blick wieder nach vorne richtete, kam ihm bereits der bewaldete Hügel der anderen Seite entgegen – geschafft.

Kurz vor dem Remscheider Bahnhof Güldenwerth stoppte Koslowski den Zug.

Holländer beglückwünschte ihn.

»Sie sind nicht in Ohnmacht gefallen«, klopfte er ihm auf die Schulter. »Noch zwei- oder dreimal und Sie werden sehen, dass es Ihnen gar nichts mehr ausmacht, die Brücke zu überqueren.«

Koslowski atmete aus, wieder tief ein und legte die Hebel um. Die nächste Tour musste er rückwärts fahren, was kein Problem sein dürfte. Der Materialwagen hinter der Lok versperrte ihm nicht die Sicht.

Sein Herz pochte zwar immer noch spürbar und Schweiß bedeckte seine Stirn; aber er hielt die Augen offen und zitterte nicht mehr.

Der Gesang der Schienen klang anders als bei der gut gefederten Regionalbahn – härter, direkter. Koslowski streckte sich. Das Vibrieren der Brücke erwartete er diesmal ohne Panikgefühl.

Das Grün an den Seiten wurde niedriger, dünner. Weit öffnete sich dann die Sicht über dem Tal der Wupper. Jetzt traf die Sonne frontal auf die Scheibe.

Koslowski blinzelte, hielt der Versuchung stand, die Augen ganz zu schließen.

Mitten auf der Brücke bemerkte er plötzlich Fußgänger. Es waren nicht die Arbeiter. Er glaubte, Bielstein zu erkennen, dessen große, gebeugte Gestalt, die Halbglatze und die funkelnde Brille. Holger Bielstein schien eine Frau in den Armen zu halten.

Um 10:50 Uhr kamen Cora und Murat am Bahnhof Schaberg an. Die informierten Remscheider Kollegen sollten von der anderen Seite her in Richtung Brücke gehen.
Auf dem Bahnhofsvorplatz standen einige Arbeiter, rauchten, palaverten und tranken Kaffee aus Thermoskannen.
»Sind irgendwelche Leute auf der Brücke?«, fragte Murat den Vorarbeiter, den er noch von seinem letzten Brückenbesuch her kannte.
»Ne, wir sind alle hier. Irgendein Verrückter darf unseren Bauzug hin und her kutschieren. Deshalb machen wir Pause.«
Die beiden ließen ihn wortlos stehen und liefen über die Gleise zur Brücke hin.
»He, passt auf den Zug auf«, rief der Vorarbeiter ihnen nach.

Als Erstes sahen sie Schliepenstein. Mit einer Hand hielt er sich am seitlichen Geländer fest, die andere wies beschwörend gegen Bielstein.
Der winkte Schliepenstein mit der Waffe in der Hand, näherzukommen. Mit seiner anderen Hand hielt er Melanie fest im Griff. Der Wind zerhackte sein Rufen. Satzfetzen wehten über das Tal.
»… mit eigenen Augen sehen, wie ein junger Mensch vom Zug überrollt wird«, glaubte Cora zu verstehen.
»Bieli, tu es nicht!«, rief sie.
Erst jetzt bemerkte Bielstein seine Kollegen.
»Bleibt stehen«, schrie er.
Murat und Cora gingen langsam weiter vor, hatten bereits

die umgekippte Eisenkarre erreicht. Schliepenstein stand zehn Meter vor ihnen.

Noch einmal schrie Bielstein: »Stehen bleiben!« Gleichzeitig schoss er in ihre Richtung.

Die Kugel prallte gegen die Karre und verschwand als Querschläger im Orbit. Deutlich vernahm Cora das Sirren des Projektils dicht neben ihrem Kopf.

»Bieli, willst du mich mit meiner eigenen Waffe erschießen?«, kreischte sie.

In diesem Augenblick rannte Schliepenstein wie von Sinnen auf Bielstein und seine Tochter zu.

Ein erneuter Schuss stoppte ihn. Die Kugel traf ihn ins Bein. Wimmernd sank er zu Boden.

Die Brücke begann zu schwingen. Unter den Fußsohlen zitterte der Stahl, multiplizierte die Geräuschkulisse.

»Es muss sein«, überschrie Bielstein den Krach, »für meine Tochter und Koslowskis Sohn.«

Noch etwas rief er mit tränenerstickter Stimme. Es ging im Singen des Stahls unter.

Mit heftigem Ruck riss er das Mädchen herum und blickte dem ankommenden Zug entgegen.

Noch hundert Meter.

Cora sah sich hektisch um. Ihr Blick blieb an der Eisenstange neben der Karre hängen.

Schnell bückte sie sich, nahm die Stange hoch und wiegte sie in der Hand. Ein Sportspeer fühlte sich anders an; aber warum sollte es nicht gehen?

Zweimal wippte sie auf den Fußspitzen, stieß sich ab und rannte ein paar Schritte vor.

Mit dem kraftvollen Schwung ihres Armes stieß sie auch ihren Atem aus.

»Bieliii …!«, schrie sie dabei.

Bielstein drehte kurz den Kopf, sah gegen die Sonne einen flirrenden Gegenstand heranfliegen, der keine Reaktion mehr zuließ.

Die Stange traf ihn hart im Rücken, zerschmetterte sein Schulterblatt und riss ihn herum. Seine Pistole schlitterte den Steg entlang.

Melanie wurde ebenfalls herumgerissen. Sie entglitt Bielsteins Griff, taumelte, stolperte seitwärts und fiel zwischen die Gleise.

Koslowski stand mit weit aufgerissenen Augen im Führerstand der Lok, sah das Mädchen regungslos in den Gleisen liegen.

»Bremsen!«, schrie Holländer. Seine Hand krallte sich in Koslowskis Schulter fest.

»Bremsen!«

Koslowski handelte mechanisch. Obwohl die Hebel in diesem Bauzug anders angeordnet waren als in dem ihm vertrauten Triebwagen der Regionalbahn, saß jede seiner Bewegungen.

Er war voll konzentriert und wach.

Die Bremsen der Lok griffen; aber der Bremsweg der Lok war lang – zu lang.

Immer näher kamen sie dem Mädchen und dann rollten sie über es hinweg.

Ein letztes Quietschen der stählernen Räder. Der Zug stand. Die Brücke schwieg.

Schliepensteins Wimmern klang durch die Stille.

Murat bewegte sich als Erster. Als er Melanie erreichte, setzte sie sich gerade auf. Sie starrte durch Murat hindurch. Lautlos liefen ihr die Tränen durchs Gesicht.

Auch Bielstein rappelte sich hoch. Sein linker Arm hing kraftlos nach unten. Mit schmerzverzerrtem Gesicht sah er sich nach der Pistole um. Sein Blick konnte sie nicht einfangen.

Mühevoll zog er sich näher an das Geländer heran, versuchte sich hinüber zu beugen, blieb schwebend hängen.

Cora lief auf ihn zu. Ihre Arme schossen vor und bekamen Bielstein am Revers zu fassen. Der Stoff rutschte ihr durch die schweißnassen Hände.

»Schlüter hat mir den Mord an Julia gestanden«, stöhnte Bielstein. Dann stürzte er lautlos in die Tiefe.

—

Auf dem Bahnhofsvorplatz standen Rettungsfahrzeuge neben den Baucontainern. Die Arbeiter schauten zu, wie ein Notarzt der schreienden Melanie eine Beruhigungsspritze setzte und sie sodann abtransportieren ließ.

Schliepenstein saß in der offenen Tür eines zweiten Krankenwagens. Ein anderer Arzt verband sein blutendes Bein.

»Tut mir leid um ihren Kollegen«, schielte der Anwalt zu Cora hinauf, die neben ihm stand. »Ein armer, unglückseliger Tropf. Ich hätte ihn gerne vor Gericht verteidigt.«

Cora musste an sich halten, um ihm nicht ins Gesicht zu schlagen.

Murat trat hinzu und wollte die Gelegenheit nutzen, bevor Schliepenstein wieder bei vollem Verstand war.

»Jetzt ist es an der Zeit, zu erzählen, warum das Jugendzentrum in Brand gesteckt wurde und Sascha Koslowski und der Mann vom Verfassungsschutz sterben mussten«, beugte er sich zu Schliepenstein hinunter.

Der grinste nur schief. »Es gibt nichts zu erzählen.«

»Ich glaube, doch.«

Von allen unbemerkt war Schlupkothen eingetroffen. Triumphierend wedelte er mit einem Packen Papier.

»Ich habe es geschafft.« Sein breites Lächeln strahlte mit der Sonne um die Wette. »Konnte alle gelöschten Dateien zurückholen. Interessant, was Sascha alles so über Sie aufgeschrieben hatte. Das wird ihre irdischen Richter begeistern.«

Schliepenstein schnappte mit offenem Mund nach Luft, dann schloss er die Augen. Seine Ohren schaltete er auf Durchzug. Er wollte nichts mehr sehen und hören.

Zwei Sanitäter legten ihn auf eine Trage und schoben ihn in den Rettungswagen.

»Ich fahre mit«, verkündete Schlupkothen und löste seine Handschellen vom Gürtel.

Ende

Anhang

Autonomes Jugendzentrum Wermelskirchen
www.ajzbahndamm.de

Erster Abschnitt aus einem Brief an die Gäste:

»In letzter Zeit geht uns das Verhalten von einigen von euch gehörig auf die Nerven. Ein Teil von euch findet es scheinbar gut, andere Besucher und unser Personal anzumachen und sich anschließend zu prügeln oder irgendetwas absichtlich kaputt zu machen. Das gilt für unseren Laden, aber auch den Biergarten und den Bereich vor dem AJZ.
Wir sind keine Sozis und es kotzt uns an als Aufpasser oder Kontrollpersonen dazustehen. ...«

Wahlergebnis der Stadt Wermelskirchen,
Landtagswahl 2012, Auszug

Zweitstimmen:		
	CDU	26,47 %
	SPD	31,74 %
	GRÜNE	10,11 %
	FDP	17,22 %
	Die LINKE	02,06 %
	PIRATEN	07,36 %
	pro NRW	**01,89 %**
	NPD	00,32 %

»Schliepensteins Rede« auf Seite 61 ff., entsprechen in Auszügen dem Parteiprogramm der NPD.

»Ausländer sind aus dem deutschen Sozialversicherungswesen auszugliedern ...«

»Deutschland den Deutschen«

»Integration ist Völkermord«

»Streichung des Grundrechtes auf Asyl«

»Die NPD lehnt die gemeinsame Unterrichtung deutscher und ausländischer Schüler ab, weil Ausländerkinder mit ihren meist nur mangelhaften Deutschkenntnissen das Unterrichtsniveau absenken ...«

»Über die Wiedereinführung der Todesstrafe ist ein Volksentscheid durchzuführen«

»Deutschland befindet sich schon längst im Zustand eines Vorbürgerkrieges, der den Deutschen durch die Einführung einer ›multikulturellen‹ Gesellschaft aufgezwungen wurde ...«

»... der inneren Sicherheit durch Recht und Ordnung, sie fordert die verstärkte öffentliche Präsenz einer bürgernahen Polizei, die sich wieder als ›Freund und Helfer‹ der gesetzestreuen deutschen Bürger versteht. Wo sich mafiöse Strukturen – insbesondere im Bereich der organisierten und Ausländerkriminalität – verfestigt haben, sind diese mit allem Nachdruck zu zerschlagen.«

»Die NPD fordert die unverzügliche Abschaffung der sogenannten ›Verfassungsschutz‹-Ämter, die im wesentlichen der Diffamierung unerwünschter politischer Konkurrenz dienen.«

Danksagung

Mein Dank gilt all denen, die mich ermutigt haben, einen
weiteren Kriminalroman zu schreiben. Ganz besonders
danke ich aber Francis für viele Tipps, Anregungen und
erstes Korrekturlesen.

Interessante Anregungen fanden sich auch in LOTTA,
der antifaschistischen Zeitung aus NRW. Wer sich über
die aktuellen Strömungen in der rechten Szene informieren will, wird dort gut bedient.

Bergische Krimis
Spannung mit Lokalkolorit...